Von diesen Städten wird bleiben:
der durch sie hindurchging, der Wind!

Bertolt Brecht

Winfried Studer

Neuenburg am Rhein

Spannende und bewegende Ereignisse
aus 850 Jahren Stadtgeschichte

Winfried Studer

Neuenburg am Rhein

Spannende und bewegende Ereignisse aus 850 Jahren Stadtgeschichte

SILBERBURG

Winfried Studer hat sich um die Bewahrung des lokalen historischen Erbes der Zähringerstadt Neuenburg verdient gemacht. Der Diplom-Verwaltungswirt (FH) war 36 Jahre als Ratschreiber und Hauptamtsleiter in Neuenburg tätig und hat das Museum für Stadtgeschichte gegründet. Er hat bereits eine Vielzahl von regionalhistorischen Publikationen veröffentlicht.

1. Auflage 2025

Umschlaggestaltung: Björn Locke, Herrenberg.
Layout und Satz: Chris Langohr Design, March.
Digitale Text- und Bildbearbeitung: Marc Studer.
Printed in Turkiye by Elma Basim.

ISBN 978-3-8425-2465-1

Inhalt

IA LICET FACIES VI
NON CEDO SED INSTAR
DOMINI IVSTIS NO
LE LINEOLIS
TO IS DUM PERAGIT
TH, SIC GNAVITER IN ME
QVOD NATVRAE EST

Grußwort

Liebe Leserinnen und Leser,
in diesen Tagen feiern wir 850 Jahre Neuenburg am Rhein – ein Grund zur Freude! Angesichts der mehrfachen Zerstörung durch Hochwasser und Kriege im Laufe der Jahrhunderte war es alles andere als selbstverständlich, dass die mittelalterliche Zähringergründung bis heute bestehen bleiben und zu einer modernen, blühenden Stadt werden würde. Doch allen Schicksalsschlägen zum Trotz haben die Einwohnerinnen und Einwohner von Neuenburg am Rhein unsere Stadt immer wieder aufgebaut und dabei neben Engagement und Mut sicherlich auch eine gehörige Portion Beharrlichkeit und Willenskraft bewiesen.

Auch der Autor des vorliegenden Buches, Winfried Studer, ist unserer Stadt und ihrer wechselvollen Geschichte seit Langem verbunden: In Neuenburg am Rhein aufgewachsen und verwurzelt, hat er die Geschicke der Stadt nicht nur als Mitarbeiter der Stadtverwaltung in verschiedenen Positionen bis hin zum Hauptamtsleiter jahrzehntelang mitgeprägt. Vielmehr hat er parallel auch das Stadtarchiv und das von ihm aufgebaute Museum für Stadtgeschichte geleitet, ihre Sammlungen erweitert und unser Wissen über die Geschichte von Neuenburg am Rhein in zahlreichen Publikationen vertieft. In seiner seit 2005 in der »Badischen Zeitung« erscheinenden Reihe »Historisches Schau-

1871 - 1878

Siegel der Stadt Neuenburg am Rhein 1899 bis 1974.

fenster« veröffentlicht er bis heute immer wieder Artikel zu den unterschiedlichsten Aspekten der Neuenburger Geschichte.

Dieser Serie entstammen die meisten der in diesem Buch vorliegenden, reich bebilderten historischen Skizzen. Zur Einordnung ist ihnen ein neuer stadthistorischer Überblicksartikel von Winfried Studer vorangestellt. Ein Gastbeitrag des verstorbenen Rainer Maria Fangmeier und ein Artikel über die Konzeption des Museums für Stadtgeschichte runden das Buch ab.

Ich freue mich, unser Stadtjubiläum mit Ihnen, liebe Leserinnen und Leser, zu feiern, und lade Sie ein, mit dem vorliegenden Buch untergegangene Orte, faszinierende historische Gegenstände und Ereignisse sowie bekannte, aber auch fast vergessene Persönlichkeiten aus 850 Jahren Neuenburger Stadtgeschichte (neu) zu entdecken.

Jens Fondy-Langela
Bürgermeister der Stadt Neuenburg am Rhein

Zum Geleit

Geteamleiterte Rathäuser kennen den Stadtschreiber nicht mehr, der, nachdem er tagsüber seine Bürger mit allgemeinverständlicher Behördenprosa beglückt hat, abends vom Amtsschimmel auf das Dichterross Pegasus umsteigt. Im Schein eines rußenden Kienspans oder (falls die Besoldung es zulässt) einer kostbaren Wachskerze die Kunst des Alltages, das Schreibenkönnen, den schönen Künsten, der Dichtung oder der Literatur, zuzuwenden, ist heute fast ganz unbekannt, denn der Stadtschreiber von Bergen-Enkheim ist kein Verwaltungsfachwirt.

Winfried Studer ist ein solcher, doch hatte er sich nie darauf beschränkt, die ministeriellen Vorgaben über kommunale Hundesteuersatzungen so umzusetzen, dass die Neuenburger Assistenzhunde keine Hundesteuer bezahlen mussten. Winfried Studer war in seiner aktiven Zeit und ist bis heute »im Unruhestand« ein Stadtschreiber, wie ihn das europäische Spätmittelalter nicht als Ausnahme, sondern eher als Regelfall kannte.
In den zwei Jahrhunderten vor 1492 (als die Indianer eine furchtbare Entdeckung machten, weil sie Kolumbus sahen) oder vor 1496 (als Neuenburg im Breisgau nicht – wie das moderne Rathaus meint – zu ertrinken, sondern sieben Meter in die Tiefe zu stürzen begann), waren die Stadtschreiber meist handwerklich, nicht universitär gebildet. Sie hielten mit ihrer Kunst des Schreibens »den Laden am Laufen«, denn spätmittelalterliche Rathäuser mussten sich immer mehr der Schrift bedienen, wenn sie dem Ziel aller

Politik nachstrebten, den Frieden nach innen und nach außen zu sichern: damit keiner zu viel, damit keiner zu wenig oder gar keine Steuern bezahlte, damit begehrliche Herren auf dem Lande in die Schranken gewiesen waren, usw.

Wie Winfried Studer dienten spätmittelalterliche Stadtschreiber »ihrer Stadt« aber nicht nur in Alltagsgeschäften, vielmehr mehrten sie auch – wie man damals sagte – den »Ruhm ihrer Stadt«: Einige dichteten, doch die meisten »schrieben Geschichte«, zeichneten auf, was der Erinnerung würdig war, zur Erbauung und vor allem zur Belehrung der Nachkommenden. Die Muse, die Winfried Studer vor langen Jahren ein erstes Mal geküsst hat und es hoffentlich noch lange tun wird, ist nicht Kalliope (Dichtung), sondern Klio (Geschichtsschreibung).

Die Form, die Winfried Studer für sein »Geschichteschreiben« gefunden hat, ist einfallsreich und überraschend. Sein »Ding« ist nicht das dicke Buch (obwohl er schon 1990 mit dem »Streifzug« einen stadtgeschichtlichen Gesamtüberblick verfasste). Vielmehr »eröffnete« er in der »Badischen Zeitung« das »Historische Schaufenster – Neuenburg am Rhein«, das in dieser Form seinesgleichen sucht und nicht findet. Ein Gegenstand, der aus Neuenburgs Vergangenheit erhalten blieb, ein Kunstwerk, das wieder nach Neu-

Die in Brand geschossene Stadt im Juni 1940. Bild des Markgräfler Malers Adolf Riedlin, gemalt vor Ort im Juni 1940. Riedlins Bild ist beim Brand des Museums im Juli 1999 verbrannt.

Berthold IV. von Zähringen, Gründer der Stadt Neuenburg. Zähringer Herzogsfamilie in der Pfarrkirche in St. Peter, Bildhauer Joseph Anton Feuchtmayer, 1730/1731.

enburg (durch wen wohl?) zurückkehrte, ein Ereignis in ferner oder naher Vergangenheit bieten Winfried Studer jeweils Anlass, die Bedeutung, die Hintergründe oder die Wirkung zu erläutern, und zwar in einer Sprache, die jedem interessierten Menschen verständlich ist.

Winfried Studer ist der »Historiker der kleinen Form«, er sichert mit seinen »Schaufenstern« die Erinnerung an dahingegangenes Leben in seiner Heimatstadt. Er hatte »vor Ort« Grundlegendes mit Stadtarchiv und Stadtmuseum eingerichtet und mit jedem »Schaufenster« leistet er von den »Graswurzeln« her weiter Grundlegendes, auf das die aufbauen können, die »das Große und Ganze« im Blick zu haben meinen. Mit jedem »Schaufenster« hat Winfried Studer zahlreiche Menschen in »Stadt und Umland« angesprochen. Seine treuen Leser wissen es sehr zu schätzen, dass Winfried Studer nun – gleichsam zu einem runden Jubiläum (das er mit Schweigen überging) – einen zweiten Band mit »Schaufenstern« vorlegt, nachdem vor ziemlich genau zehn Jahren der erste erschienen war.

Mögen die Leser dieses Buches ihre Neugierde befrieden und ihr Wissen um die Vergangenheit der eigenen Heimat erweitern, vielleicht auch an der einen oder anderen Stelle erschrocken, erstaunt oder belustigt sein, wenn sie in ihrer Vergangenheit plötzlich ihre eigene Gegenwart wiedererkennen. Die treuen Leser wünschen Winfried Studer, weil sie auf weitere »Schaufenster« warten, mit den alten Lateinern: ad multos annos!
Winfried Studer, es ist mir eine Ehre und ein Vergnügen, mit Ihnen zusammenarbeiten zu dürfen!

Ihr Dr. Jörg W. Busch,
Professor für mittelalterliche Geschichte an der Goethe-Universität Frankfurt am Main

Oft zerstört und immer wieder aufgebaut

Inmitten des Städtedreiecks Basel, Freiburg im Breisgau und Mülhausen im Elsass gelegen, ist die Zähringer-Gründung Neuenburg am Rhein der historische Mittelpunkt dieser Landschaft. Nur Kriege, die mit zerstörerischer Gewalt die Stadt heimsuchten, und die reißenden Wasser des Rheines, die zwischen 1496 und 1525 nahezu die Hälfte des Stadtgebietes auf dem Hochufer wegtrugen, konnten ihr für viele Jahre diese Mittelpunktfunktion rauben.

Schon kurze Zeit nach der Gründung um das Jahr 1175 durch Berthold IV. von Zähringen wurde die Stadt Neuenburg am Rhein, die der Staufer Friedrich II. 1219 zur Reichsstadt gemacht hatte, in der Fehde zwischen diesem Kaiser und seinem Sohn Heinrich VII. zum ersten Mal verheert. 1254 kam die Stadt unter die Herrschaft des Grafen Konrad von Freiburg. Gegen dessen anmaßenden Sohn führte sie 1272 den Neuenburger Krieg, in dem auch Graf Rudolf von Habsburg gegen die Stadt stand. Als Rudolf 1273 zum römisch-deutschen König gewählt wurde, änderte sich die Lage und Neuenburg wurde erneut Reichsstadt. 1292 verlieh König Adolf von Nassau ihr ein neues Stadtrecht, das vermutlich das zähringische, von Freiburg im Breisgau ausgehende Stadtrecht Bertholds IV. aus der Zeit der Stadtgründung abgelöst hat.

In der Nacht vom 10. auf den 11. Juni 1940 wurde Neuenburg durch französischen Beschuss als erste deutsche Stadt im Zweiten Weltkrieg völlig zerstört.

Auch die zweite Zeit als Reichsstadt endete früh. 1331 wurde die Stadt von Ludwig IV. (dem Bayer) an die Herzöge von Österreich verpfändet. Für die Stadt war dies eine schicksalsschwere Wende. Neuenburg blieb für nahezu 500 Jahre beim Haus Habsburg. Die neuen habsburgischen Herren führten in ihrer vorderösterreichischen Stadt Neuenburg Münztage des Rappenmünzbundes durch und beriefen hier auch Landtage ein.

Während des Dreißigjährigen Krieges nahmen 1632 die Schweden die Stadt ein. Nach Kriegsende waren von den Einwohnern noch 76 übrig geblieben. Im folgenden Holländischen Krieg (1672–1678) wurde Neuenburg erstmals völlig zerstört. Nach dem Frieden von Nimwegen 1679 begannen die Neuenburger mit dem Wiederaufbau. Der folgende Spanische Erbfolgekrieg (1701/1714) machte allem ein Ende. 1704 wurde die Stadt von den Franzosen völlig dem Erdboden gleichgemacht und ausgelöscht. Der Franzosenkönig Ludwig XIV. verbot den Wiederaufbau. Die Neuenburger wurden vertrieben. Erst nach zehn Jahren, nach dem Frieden von Rastatt 1714, konnten die 46 überlebenden und heimkehrwilligen Neuenburger in die Ödung, die einst ihre Stadt war, zurückkehren. Sie standen vor dem völligen Nichts und begannen einen mühseligen Wiederaufbau. In dieser Zeit ihrer größten Not fiel man von vielen Seiten in ihre Gemarkung und in ihre Rechte ein, um sich an der scheinbar ausgelöschten und schutzlosen Stadt schadlos zu halten.

»Wo ein toter Körper liegt, versammeln sich die Vögel. Aber dieser Tote war nur ohnmächtig, scheinbar tot, er ist aufgestanden und sucht die Vögel zu vertreiben. Die erstandene Stadt greift niemanden an, sie verteidigt sich nur. Sie zeigt mit dem Rest ihrer Urkunden in der Hand, was man ihr genommen habe, aber niemand kann urkundlich beweisen, die Stadt hätte ihm etwas genommen«, schrieb 1831 voller Erbitterung über das der Stadt zugefügte Unrecht der Dekan des Kapitels Neuenburg, Stadtpfarrer Konrad Martin, der einen langjährigen Kampf um ihre Rechte führte.

Nur langsam und mühevoll konnte sich Neuenburg, die vorderösterreichische Exklave, von dem ihr politisch aufgezwungenen totalen Niedergang im 17. und 18. Jahrhundert erholen. Die Stadt konnte jedoch nicht annähernd die ihr vom Gründer zugedachte Größe oder ihre Blüte als Reichsstadt wiedererlangen. Durch die Französische Revolution verlor die Stadt 1799 ihren großen linksrheinisch gelegenen Grundbesitz mit dem Ort Chalampé.

Unter Napoleon wurde die territoriale Ordnung umgestaltet. Im Frieden von Lunéville verlor der Habsburger Franz II. 1801 das rechte Rheinufer. Damit endete 1806 Neuenburgs langjährige Zugehörigkeit zum Haus Habsburg. Die bis dahin vorderösterreichische Stadt erhielt »mit Wehmut, nicht mit Freudigkeit und statt in erhebenden Hoffnungen voll drückenden Vorgefühls« in Kurfürst Karl Friedrich von Baden einen neuen Landesherrn. Mit der Tulla'schen Rheinkorrektur, die bei Neuenburg um 1850

Nach Kriegsende lebten noch jahrelang viele Bürger, die durch die Zerstörung der Stadt obdachlos geworden waren, in Barackensiedlungen.

vorgenommen wurde, gewann die Stadt neben der Hochwassersicherung einen großen Zuwachs ihrer nutzbaren Gemarkung bis zum neuen Bett des Rheins. Dies wirkte sich im 20. Jahrhundert segensreich auf eine großflächige Baulanderschließung im Rheinvorland aus.

Langsam kehrten wieder Wohlstand und Ordnung in der Stadt ein. Der Deutsch-Französische Krieg 1870/71 blieb für Neuenburg ohne größere Folgen. Nach einer langen Friedenszeit brach 1914 der Erste Weltkrieg aus. Während der gesamten Kriegsjahre war die Stadt Durchgangsort für viele Hunderttausend Soldaten. Nach der Abdankung des deutschen Kaisers am 9. November 1918 und dem Waffenstillstand kamen Teile der 9. Armee Herzog Albrechts von Württemberg bei Neuenburg über den Rhein. Die Franzosen übernahmen die unbeschädigte Rheinbrücke. Durch den Versailler Vertrag von 1919 wurde die Stadt Neuenburg Grenzstadt, was zu umfassenden Veränderungen führte.

Mit der Überschreitung der polnischen Grenze durch deutsche Truppen am 1. September 1939 und der Kriegserklärung der Engländer und Franzosen an Deutschland am 3. September war das »Todesurteil« für die Grenzstadt Neuenburg zum dritten Mal gesprochen. Frühmorgens am 7. Oktober 1939 sprengten die Franzosen die Eisenbahnbrücke über den Rhein. Am 9. Juni 1940 leiteten sie den großen Angriff auf die Stadt ein. In der Nacht vom 10. auf den 11. Juni 1940 ging Neuenburg in einem totalen Chaos unter. Über 3.000 Granaten wurden in die Stadt geschossen. Neuenburg brannte an »allen Ecken und Enden«.
Die zerstörte Stadt kam nicht zur Ruhe. Am 8. September 1944 griffen Fliegerverbände die Stadt an. Ein erneuter Kugel- und Granatregen ging von amerikanischen Jagdbombern auf die Stadt nieder. Wenige Monate später, am 22. April 1945, wurde Neuenburg französischen Panzerverbänden übergeben. In den 1940 vom Reichsarbeitsdienst notdürftig errichteten Baracken harrten die Neuenburger angesichts einer ungewissen Zukunft aus.

Erst in der zweiten Hälfte des 20. Jahrhunderts begann eine neue große Wende. Die hervorragende Lage der Stadt an großen europäischen Verkehrsadern, der Bundesautobahn Karlsruhe–Basel mit dem Anschluss am Autobahndreieck Neuenburg an das Netz der französischen Autobahnen, dazu der historische Rheinübergang im nahen Vorfeld der Stadt haben mit einer starken Entwicklung Neuenburg dazu befähigt, wieder die frühere Mittelpunktfunktion im Städtedreieck Freiburg–Basel–Mülhausen zu übernehmen.

Aus gutem Grund steht an der Autobahn Karlsruhe–Basel bei der Ausfahrt Neuenburg ein touristisches Hinweisschild auf die Zähringerstadt – als Mahnung, »damit die Leser vnnd jhre Nachkommen erkennen und bedenken mögen, was es für einen Vnterscheyt zwischen dem Krieg vnd Frieden hat«, wie Matthäus Merian in seiner »Topographia Alsatiae« 1643 schrieb.

Neuenburg von Westen mit dem Chor des vom Rhein zerstörten Münsters, Kupferstich von Matthäus Merian aus »Topographiae Alsatiae« von 1643.

Stadtrecht von 1292

Weder eine Gründungsurkunde noch der »Stadtrodel« aus der Gründungszeit ist erhalten geblieben. Nur die Gründung der Stadt um 1175 durch Berthold IV. von Zähringen ist im Tennenbacher Güterbuch von 1317 bis 1341 dokumentiert. Über die Zeit der ersten Jahre nach der Stadtgründung gibt es nur »dürftige Überlieferungen«. Alle Ratsprotokolle und viele Urkunden sind verloren gegangen, auch das Stadtrecht des Stadtgründers, das zu der zähringischen Stadtrechtsfamilie gehörte und das vielleicht vom Stadtrecht des Königs Adolf von Nassau 1292 abgelöst wurde. Mit der abermaligen Erhebung Neuenburgs zur Reichsstadt im Jahr 1274 endete der Neuenburger Krieg. Neuenburg hatte seine Stellung neu gefestigt und die Ansprüche der Zähringererben auf die Stadt erfolgreich abgewehrt. Basel im Süden, im Norden Freiburg und mittwegs die Reichsstadt Neuenburg waren die beherrschenden Städte jener Zeit.

Am 15. Juli 1291 starb Rudolf von Habsburg. Sein Sohn, Herzog Albrecht, konnte sich bei den Kurfürsten nicht als Nachfolger durchsetzen. Statt des Habsburgers wurde 1292 Adolf von Nassau zum König gewählt. Für die Stadt Neuenburg war die Wahl des Grafen von Nassau, der über keine nennenswerte Hausmacht verfügte, eine gute Wahl. In seinen Bemühungen, sich eine eigene Hausmacht zu schaffen, war ihm viel an der Freundschaft der Städte gelegen, die er sich mit der Verleihung neuer Rechte

Stadtrechtsurkunde vom 24. Dezember 1292.

Westliche Stadtansicht zur Zeit des »Adolphinischen Privilegiums«.

und Bestätigung alter Rechte sicherte. In der Weihnachtswoche des Jahres 1292 hielt sich König Adolf von Nassau in Basel auf. Am 28. Dezember 1292 kam der König mit seinem Gefolge nach Neuenburg. Eine große Ehre für die Stadt. »Wieder läuteten die Glocken zum Einzug eines Königs. Der Rat und das jubelnde Volk geleitete ihn vom oberen Tore durch die breite Marktstraße zu den Lauben des Marktplatzes. Hier im Ratssaal übergab König Adolf von Nassau den Ratsherren die königliche Urkunde, das Neuenburger Stadtrecht.

In Auseinandersetzungen mit den Kurfürsten erklärten diese Adolf von Nassau am 23. Juni 1298 »für abgesetzt«. In den folgenden Kriegshandlungen, bei denen Neuenburg auf der Seite des Königs stand, ist Adolf von Nassau in der Schlacht von Göllheim am 2. Juli 1298 im Kampf gefallen. Nun kam Albrecht von Habsburg auf den Königsthron. Für Neuenburg eine fatale Situation, kämpfte doch ihre Mannschaft gegen den neuen König. Doch Albrecht dachte nicht daran, Vergeltungsmaßnahmen gegen die Kriegsgegner zu ergreifen. Ende April 1300 kam König Albrecht I. nach Neuenburg und bestätigte der Stadt am 1. Mai 1300 alle von seinem Vorgänger verliehenen Privilegien. Auch diese Urkunde wird, wie die Stadtrechtsurkunde von 1292, im Original im Stadtarchiv verwahrt.

Das historische Stadtwappen im Stadtsiegel von 1261

Die Zähringergründung Neuenburg am Rhein führt unverändert seit mindestens 1261 ein in der Farbe Rot gehaltenes Wappen mit einem goldenen Schrägbalken. Es ist nicht belegt, wie Neuenburg am Rhein zu diesem Wappen gekommen ist. Das Siegelbuch der badischen Städte macht es sich besonders einfach, wenn es feststellt: »Das Wappen der Stadt, das zugleich als Siegelbild Verwendung fand, zeigt in goldenem Schilde einen roten Schrägbalken; die Übereinstimmung mit dem badischen Wappen ist wohl nur eine zufällige, da Neuenburg niemals im Besitze der Markgrafen von Baden oder des Markgrafen von Hochberg sich befand.« Richtig ist, dass die Stadt Neuenburg bei der Herausgabe des Siegelbuches das gleiche Wappen wie Baden führte. Allerdings nur auf Grund einer im 19. Jahrhundert aufgetretenen Verwechslung, die leider auch das Badische Generallandesarchiv 1899 bei der Beschreibung zur Neugestaltung des Neuenburger Stadtsiegels übernahm und der Rat der Stadt aus unbekannten Gründen, vielleicht aus Gleichgültigkeit, akzeptiert hat.

Neuenburger Stadtfahne im Koebel'schen Fahnenbuch, 1545. (Bayerische Staatsbibliothek München)

In hervorragender Weise beachtet das schlichte Neuenburger Stadtwappen die heraldischen Regeln, die besagen, dass das Wappenbild nur wenig »Darstellungen enthalten und dass neben Farben immer Metalle stehen sollen«. Das Wappenbild im Neuenburger Wappen, der Schrägbalken, wird in der Heraldik als Wehrgehänge gedeutet, »welches über der rechten Schulter zur linken Seite, auf welcher das Schwerd seyn mußte, herabhing«.

Wie Neuenburg führt auch die Stadt Straßburg, in deren Archiv sich das älteste Neuenburger Stadtsiegel von 1261 befindet, einen »Schrägrechtsbalken« in ihrem Wappen. Der Straßburger Heraldiker Philipp Jacob Spener (1635–1705) verbindet den roten Balken im Straßburger Wappen allerdings mit dem Begriff »Strasse«. Dies meint auch Karl Freiherr von Neuenstein in seinem 1892 erschienenen Aufsatz »Das Wappen des Großherzoglichen Hauses« zum Schrägbalken im Wappen Badens.

Zu den Farben des Neuenburger Wappens schreibt Josef Bader 1849 in »Wahrer Ursprung Badens, der Stadt, Fürstenfamilie und Markgrafschaft«: »Die Nationalfarben des schwäbischen Volksstammes und die zähringischen Hausfarben waren Roth und Gold. Dieselben Farben behielt bei Änderung des Wappenbildes die zähringische

Stadtsiegel von Neuenburg. Urkunde von 1261. Stadtarchiv Straßburg.

Linie bei. Man kann demgemäß annehmen, der zähringische Adler sey von rother Farbe gewesen auf goldenem Felde.« Die Markgrafen von Baden, die wie die Stadt Neuenburg den Schrägbalken, allerdings in Rot im goldenen Feld, in ihrem Wappen führten, stammen von Hermann I. († 1074) ab. Hermann war der älteste Sohn von Berthold I. († 1078). Zum badischen Wappen erschienen im 19. Jahrhundert eine Reihe von Veröffentlichungen, die jedoch alle keine befriedigende Auskunft zur Herkunft des Wappenbildes anbieten.

Am 29. September 1261 schlossen die Städte Straßburg und Neuenburg einen vierjährigen Bund gegen den Bischof von Straßburg. Dank der Urkunde im Straßburger Stadtarchiv ist das älteste bekannte Stadtsiegel von Neuenburg (1261–1545) mit dem Neuenburger Stadtwappen erhalten geblieben. Von einer älteren Urkunde vom 7. August 1258 im Generallandesarchiv in Karlsruhe ist leider das Siegel verloren gegangen.

Das älteste erhaltene Siegel mit dem Neuenburger Wappen begegnet uns erstmals etwa 86 Jahre nach der Stadtgründung, während die Wappenfarben erst seit 1545 aus dem Wappenbuch von Jakob Köbel bekannt sind: »Newenburgk: Mittel theil gelb / die andern zwey theil rot.« Erstmals treten 1622 zwei Löwen im Stadtsiegel als Schildhalter auf.

Bei archäologischen Grabungen anlässlich der Rathauserweiterung wurde am Gründonnerstag 1991 eine Hafnergrube angeschnitten, die mittelalterliche Ofenkacheln enthielt. Auf einer der schönsten Kacheln (heute im Museum für Stadtgeschichte) ist die Gottesmutter im Strahlenkranz zu sehen. Die Patronin des untergegangenen Münsters Unserer Lieben Frau steht im Chor, dessen Schlussstein das Neuenburger Stadtwappen trägt, das erstmals im Stadtsiegel des Jahres 1261 nachgewiesen ist.

Die Neuenburgerin Barbel Schinbein wird 1519 als Hexe verurteilt und hingerichtet

»Auf Spuren der Neuenburger Stadtgeschichte in der Altstadt von Basel« ist ein Spaziergang der etwas anderen Art durch die Metropole am Oberrhein. Bei verschiedenen Stationen des geschichtsträchtigen Rundgangs spiegelt sich die Beziehung zwischen Basel und Neuenburg wider. Eine erste Station des Rundgangs wird hier näher beleuchtet.

Vom Marktplatz geht es zunächst zur Mittleren Rheinbrücke. Beim Käppelijoch fand die Neuenburgerin Barbel Schinbein, vom Basler Rat als Hexe verurteilt, 1519 einen grausamen Tod. 500 Jahre später, 2019, gedachte Basel mit einer Gedenktafel gegenüber dem Käppelijoch der durch die Hexenprozesse unschuldig verurteilten und grausam hingerichteten Personen, darunter auch die Neuenburgerin Barbel Schinbein. 2012 aus der Mitte des Großen Rates angestoßen, wurde eine rückwirkende Rehabi-

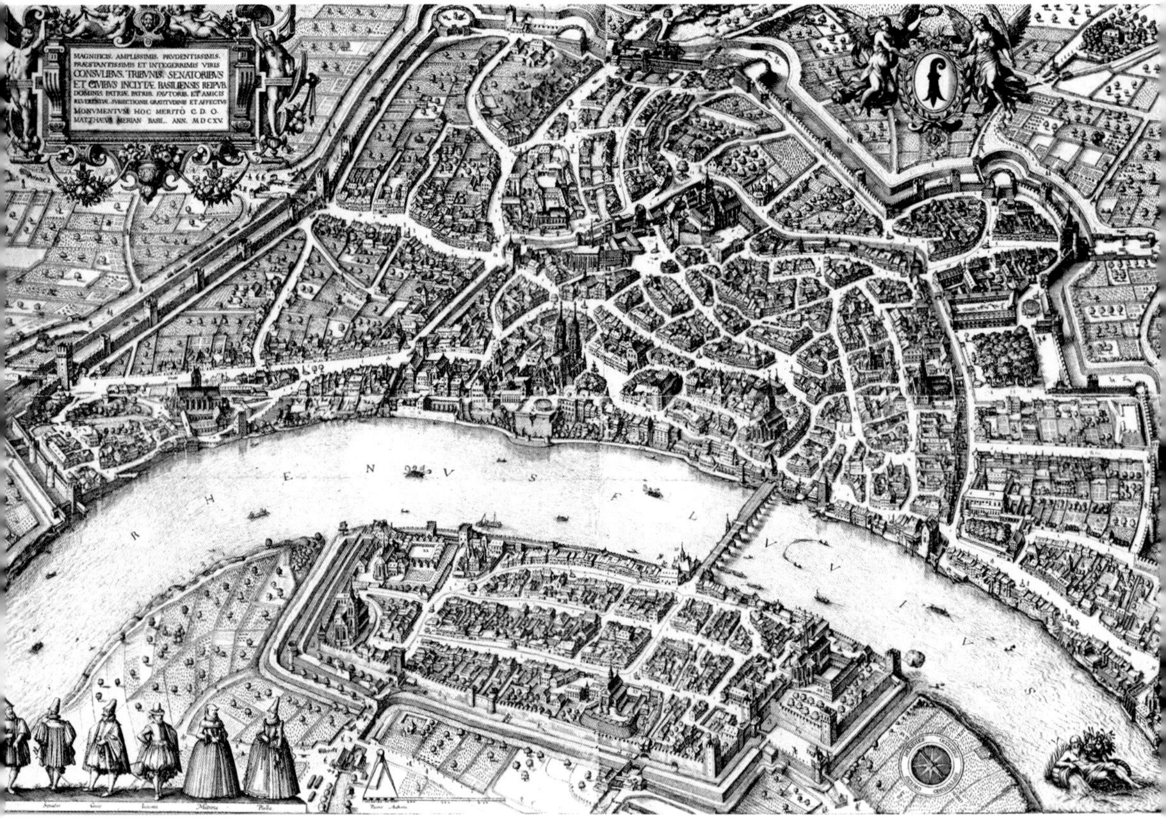

Stadtansicht von Basel (1615) von Matthäus Merian.

litierung für drei als Hexen verurteilte Frauen, Fröhlicherin, Schinbeinin und Vögtlin (stellvertretend für alle Frauen und Männer, die ihr Schicksal teilten) gefordert, was zur Errichtung der Gedenktafel an der Rheinbrücke führte.

Die Akten des Hexenprozesses der Barbel Schinbeinin aus Neuenburg mit dem vermutlich ältesten erhaltenen Geständnis einer Hexe in Basel »Vergicht einer Hexe Barbel Schinbeinin« aus dem Jahr 1519 befinden sich im Staatsarchiv des Kantons Basel-Stadt: »Barbel Schinbeinin vonn Nuwenburg. So hie zugegen stodt. Hat verjehenn, das sy ongevorlich umb mitfastenn nechst vergangenn vor Riechemer thor benachtiget, dosige einer zue Jron Jnn schwarzen cleideren kommenn, den sy befragt wer er wäre. Sagte er, Er wäre der tüffel, welcher mit Jrenn gehandlet unnd sy beschlofenn. Do hab sy Gott deß Allmechtigen verlöignet unnd dem tufel sich Ergebenn.«

Danach hat Barbel Schinbein unter der Folter gestanden, dass der Teufel in schwarzer Kleidung zu ihr kam und sie beschlief, dass sie dem Glauben abgeschworen und sich

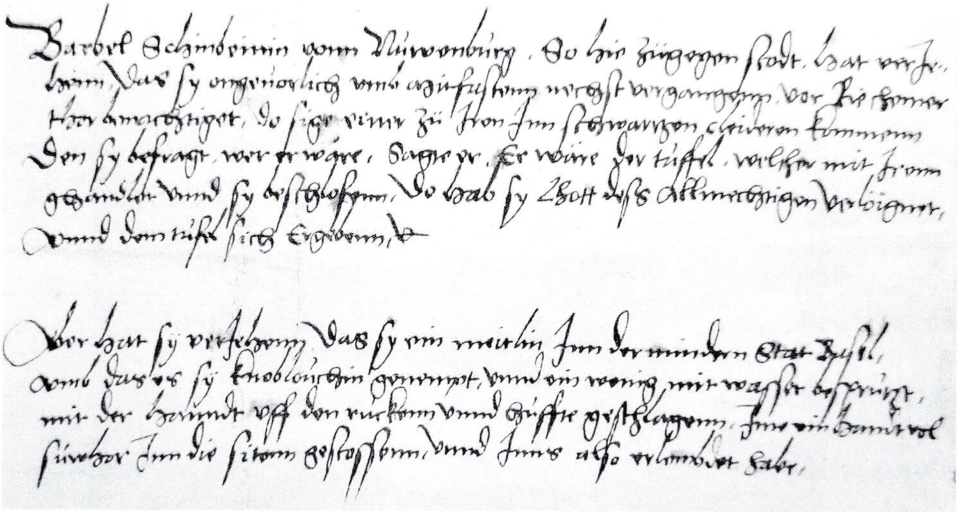

Niederschrift des erzwungenen Geständnisses der Barbel Schinbein aus dem Jahr 1519.

Diese Gedenktafel der Stadt Basel an der Mittleren Rheinbrücke erinnert an die Hexenverbrennungen in Basel.

ihm ergeben habe. Auch habe sie ein Mädchen gelähmt. Sie habe ihm eine Handvoll Sauhaare in die Seiten gestoßen. Die Hexerei zeige sich, davon war man überzeugt, durch den Abfall vom Glauben verbunden mit Teufelsbund und Teufelscoitus und der Möglichkeit, Schadenszauber mit Hilfe des Teufels auszuführen.

Barbel Schinbeinin wurde als Hexe 1519 hingerichtet. Nach ihr fanden im 16. Jahrhundert in Basel keine Hinrichtungen wegen Hexerei mehr statt. Darüber, ob sie zum Tode durch Verbrennen verurteilt oder im Rhein beim Käppelijoch ertränkt wurde, schweigen die Quellen.

Es war üblich, dass als Hexen Verurteilte bei lebendigem Leibe verbrannt wurden. Eine andere Art der Hinrichtung war, dass Verurteilte im Rhein ertränkt wurden. Verbrennung und Ertränken im Rhein waren die üblichen Hinrichtungsarten für die angeblichen Hexen. Der Scheiterhaufen wurde vor den Toren der Stadt errichtet. Bevor man die Hexe darauf festband und den Scheiterhaufen und das Holz in Brand setzte, mussten die Verurteilten im Hof des Rathauses ihre Geständnisse bestätigen. Danach zerrte man sie unter dem Gejohle der Menge an Seilen durch die Stadt zum Scheiterhaufen. Bei der Mittleren Brücke fanden viele Opfer der Hexenverfolgung ihr Ende. Die Quellen berichten, dass in Basel 28 Hinrichtungen aufgrund von Hexenprozessen erfolgt sind. Um eine Person als Hexe anzuklagen, damit sie vor ein Hexengericht kam, reichte eine Denunziation. Wer in die Mühle des Hexengerichtes kam, war meistens verloren. Unter der brutalen Folter, die der Wahrheitsfindung und dem Erzwingen eines Geständnisses dienen sollte, gestanden die Angeklagten alles, was der Inquisitor hören wollte. Die mittelalterlichen Foltermethoden, die von den Scharfrichtern erdacht wurden, waren grenzenlos:

Auspeitschen, Brustausreißen. Eiserne Jungfrau, Streckbank, Ertränken, Würgeschraube, Verbrennen, Verstümmelung, Daumenschrauben und vieles mehr.

Spurensuche nach dem Neuenburger Kapuzinerkonvent

Die »Badische Zeitung« berichtete im November 2021 über »Ärger« im denkmalgeschützten Staufen, »weil das historische Pulverhäuschen am Schlossberg in Staufen nach einer vermeintlich unsachgemäßen Restaurierung als Denkmal zerstört scheint«. Der Hinweis in der Berichterstattung, »Das Rebhäuschen wurde mit sogenannten Holzspolien verziert, die von dem barocken Hochaltar des Kapuzinerklosters stammten«, ist ein Indiz auf die Emigration des durch den Holländischen Krieg gefährdeten Neuenburger Kapuzinerkonvents im 17. Jahrhundert in das vermeintlich sicherere Staufen. Die Kapuziner haben ihr Kloster in Neuenburg am Rhein nicht nur mit ihrem »Hab und Gut« verlassen, sondern sind auch mit der Ausstattung ihrer Kirche abgezogen.

1880 wurden von einem aufmerksamen Besucher auf dem Dachboden eines Hauses in Staufen zwei Altartafeln, Meisterwerke von Martin Schongauer (um 1448–1491) entdeckt, die sich nachweislich auf dem Hochaltar der Neuenburger Kapuzinerkirche

Denkmalgeschütztes »Rebhäuschen« am Schlossberg in Staufen mit Fragmenten des Hochaltars der Neuenburger Kapuzinerkirche.

befunden haben. Während die Tafel »Christus am Ölberg« verschollen ist, befindet sich die Altartafel »St. Sebastian und St. Arbogast«, die von dem Neuenburger Bürgermeister Cunrad Haesing in die Neuenburger Franziskanerkirche gestiftet wurde, im Besitz einer Familie in Karlsruhe.

Das Landesdenkmalamt Baden-Württemberg konnte leider in den archivierten »Objektdaten« zum Staufener Rebhäuschen nicht ermitteln, von wem die Information kommt, dass die Spolien vom Hochaltar des Kapuzinerklosters stammen. Es konnte lediglich ermittelt werden, dass der Hinweis im »Kontext mit der Erarbeitung der Denkmaltopographie Baden-Württemberg zur Stadt Staufen« eruiert worden sein muss. Die Akten berichten: »Rebhäuschen, früher Schießpulverdepot. An der Fassade barocke Holzspolien (17./18. Jh.), die der Überlieferung nach aus dem ehemaligen Kapuzinerkloster stammen.« Nach dem Fund der Altartafeln von Martin Schongauer aus der Neuenburger Kapuzinerkirche in Staufen, ein bedeutender Hinweis, dass auch die barocke Verzierung an dem streitbefangenen Rebhäuschen am Staufener Schlossberg vom Neuenburger Hochaltar stammen, der beim Auszug des Kapuzinerkonvents von Neuenburg am Rhein ins Hinterland, nach Staufen, verbracht wurde.

Nachdem das Neuenburger Franziskanerkloster 1527 überwiegend aus dessen eigenem Verschulden endgültig aufgelöst worden war, war die Stadt um eine Nachfolge bemüht. Nach Jahren waren die Bemühungen endlich erfolgreich und die Freiburger Kapuziner errichteten am 12. Februar 1612 in Neuenburg am Rhein eine Zweigniederlassung. Der Rat der Stadt überließ der neugegründeten Kapuziner-Niederlassung das Franziskanerkloster. Die Kapuziner bestritten ihren Lebensunterhalt, wie ehedem die Franziskaner, von Almosen der Bürger und Zuwendungen durch die Stadt. Der Chronist berichtet: »Der Konvent war bei der Bevölkerung beliebt. Die Kapuziner wirkten sehr erfolgreich und beförderten besonders die Wallfahrt zum heiligen Kreuz, die sie 1657 errichteten. Sie hatten leider hier eine schwere Zeit, fast nur Kriegszeiten.« Nach einem Verzeichnis von 1668 hatte der Neuenburger Konvent 14 Ordensmitglieder. Ordensoberer war der bekannte Ignatius Eggs, dem auch die Einrichtung des Neuenburger Kreuzwegs zur Wallfahrtskapelle Heilig Kreuz zu danken ist. Der 1618 im vorderösterreichischen Rheinfelden geborene Ignatius Eggs war Guardian verschiedener Kapuzinerklöster, wo er sich insbesondere für die »wissenschaftliche Betätigung an den Klosterschulen einsetzte«. Die Kapuziner betätigten sich in der Seelsorge in der Stadt und teilweise auch innerhalb des Dekanats Neuenburg. Verdienstvoll wirkten sie in der Krankenpflege und der Versorgung der Pestkranken. Am 18. Juli 1639 starb im Kloster der Neuenburger Kapuziner, vermutlich an der Pest, Herzog Bernhard von Weimar, ein bedeutender Heerführer im Dreißigjährigen Krieg.

Titelblatt des Psalters von 1513. »David mit der Harfe« aus dem Kapuzinerkloster in Neuenburg am Rhein. Nach der Auflösung des Konvents in Staufen kam das Buch in das Berthold-Gymnasium in Freiburg im Breisgau.

Der Holländische Krieg, in den das vorderösterreichische Neuenburg am Rhein verwickelt wurde, läutete auch das Ende des Neuenburger Kapuzinerklosters ein. Die Kapuziner flohen 1675 aus der Stadt nach Staufen. Da die Kapuziner kein »Vertrauen mehr in die Zukunft der Stadt Neuenburg am Rhein hatten«, errichteten sie in Staufen eine neue Niederlassung. Ende des 18. Jahrhunderts setzte ein allmählicher Niedergang des Klosters in Staufen ein. Am 2. Juli 1834 wurde das Kapuzinerkloster in Staufen aufgehoben. Der Klosterbesitz kam »1834 unter der Aufsicht eines aus der Bürgerschaft bestellten Vermögenskurators unter den Hammer« oder wurde anderweitig verramscht, wie Martin Schongauers Altartafel, die zufällig auf einem Dachboden in Staufen gefunden wurde, oder die barocken Verzierungen am »Rebhäuschen am Schlossberg«, die sich einstmals höchstwahrscheinlich am Hochaltar der Kirche der Neuenburger Kapuziner befunden haben. Martin Schongauers wertvolle Altartafel »St. Sebastian und St. Arbogast« kehrt vielleicht eines Tages nach Neuenburg am Rhein zurück, wie die Familie, in deren Besitz sie sich heute befindet, dem Stadtarchiv Neuenburg am Rhein zugesagt hat.

Sebastian Meyer

Vom Neuenburger Franziskanerkloster, bereits 1292 bekannt, ist heute nur noch das Untergeschoss des Pfarrhauses am Franziskanerplatz erhalten geblieben. Ein Baudenkmal aus der Blütezeit der ehemaligen Reichsstadt, das leider auf eine seiner Bedeutung angemessene Nutzung wartet.

Die gesamte Klosteranlage wurde im Spanischen Erbfolgekrieg vollständig mit der Stadt ausgelöscht. Auch an den bedeutendsten Franziskaner im Neuenburger Konvent, Sebastian Meyer, Doktor der Theologie, erinnert in Neuenburg am Rhein heute nichts mehr.

Der Aufmerksamkeit eines Antiquars ist es zu danken, dass das Stadtarchiv in den Besitz eines Porträts gelangte, das »D. Sebastian Mayr. Evangel. Prediger bey St. Georgen in Augspurg, Ao. 1531« zeigt. Das Blatt stammt aus dem Werk: »Das gesamte Augsburgische Evangelische Ministerium in Bildern und Schriften. Von den ersten Jahren der Reformation Lutheri, bis Anno 1748« von Joseph Friederich Rein. Erstmals anlässlich einer Ausstellung zur Reformation im Markgräflerland wurde das Neuenburger Stadtarchiv auf den »berühmten Sohn« der Stadt aufmerksam, der sich in das Reformationsgeschehen aktiv eingebracht hat, das 1517 mit Martin Luther seinen Anfang nahm. Die von Martin Luther angestoßene Bewegung blieb

Sebastian Meyer, Franziskaner und Reformator aus Neuenburg.

auch für die vorderösterreichische Stadt Neuenburg am Rhein nicht ohne Wirkung.

Stadtpfarrer und Chronist Fidelis Huggle berichtet: »Um diese Zeit hatte auch die in ihren Folgen so tief gehende reformatorische Bewegung ihren Anfang genommen. Dass dieselbe auch an Neuenburg nicht spurlos vorüber gehen konnte, begreift sich aus der Lage der Stadt am Rhein, der stark befahrenen Wasserstraße und der Nähe zu Basel. Auch das benachbarte Freiburg zeigte sich reformationslustig.« 1522 nahm der Neuenburger Rat Otto von Brunfels, der mit Luther in Verbindung stand, als Prediger der neuen Lehre auf. Im Kloster der Franziskaner nahm von Brunfels seinen Wohnsitz.

Im April 1524 erging ein Edikt der vorderösterreichischen Regierung, »in dem jegliche Betätigung im neuen Glauben mit strengen Strafen bedroht wurde« und das auch im vorderösterreichischen Neuenburg Wirkung zeigte.

Die Reformation läutete für die reformatorisch gesinnten Neuenburger Franziskaner, die auch mit einem zweifelhaften Ruf belastet waren, das Ende ein. Das Fran-

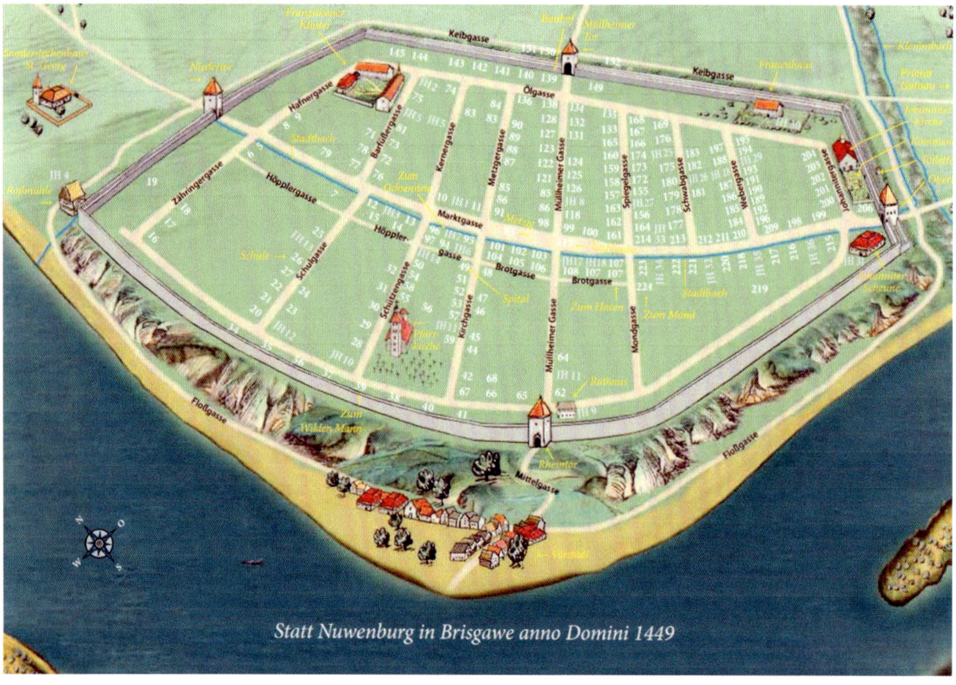

Grundriss der Zähringergründung zur Zeit von Sebastian Meyer (um 1449). Rekonstruktion Prof. Busch/Graphik Mess-Huggle.

ziskanerkloster wurde aufgelöst und am 13. September 1527 wurde die Kirche der Franziskaner als Nachfolgekirche für das untergegangene Münster »Unserer Lieben Frau« zur Stadtkirche bestimmt. Die im Stadtarchiv erhaltene Urkunde berichtet: »Die pruder Sant Franziskus ordens der mindern regel in dem barfusser closter aldo der verfurischen sekt und anders halben unordentlichen, dem gemeinen volk zu bösem vorbild, ergerlichen und sunst des gotshus halber dermassen gehalten, das dasselbig an zinsen und gilten merklich abgenommn und in verderben kommen.«

Als der Neuenburger Konvent aufgelöst wurde, hatten die Franziskaner ihr Kloster bereits aufgegeben. Der »ehrwürdige und sittenstrenge« Sebastian Meyer war mit den Zuständen im Neuenburger Konvent schon vorher nicht mehr einverstanden und hatte diesen zum Zeitpunkt der Auflösung bereits verlassen.

Sebastian Meyer, um 1465 in Neuenburg am Rhein geboren, hat eine sehr bewegte und stürmische Vita. Nach dem Besuch der Schule in seiner Geburtsstadt ging er zum Studium an die Universität Basel, wo er den Grad des Doktors der Theologie erwarb. Nach seinem Eintritt in den Orden führte ihn sein Weg schließlich in das Franziskanerkloster seiner Heimatstadt.

Nachdem er die Gemeinschaft in Neuenburg am Rhein verlassen hatte, finden wir ihn 1521 in Bern. »Doctor S. M. Custos der Custody/Basel, jetzt Lesemeister des gotzhus zun Barfüßen in Bern«, wie er sich in einer Urkunde bezeichnet, ist in Bern im »Sinne der Lehre Luthers aufgetreten. In Bern erfuhr er »Anfeindungen als auch aufmunternde Zustimmung«, wie eine Lebensbeschreibung berichtet. Meyer vertrat in Bern die Lehre Luthers »als erster Prediger« und gewann »das Vertrauen des Stadtrates, der ihn vor den Nachstellungen des Bischofs von Lausanne schützte«. 1523 kam es zu Auseinandersetzungen zwischen den Predigern der Franziskaner und Dominikaner, was schließlich dazu führte, dass der Rat der Stadt Bern beide »aus der Stadt wies«. Im Jahre 1524 soll Sebastian Meyer aus dem Franziskanerorden ausgetreten sein.

Die Universitäts- und Stadtbibliothek Köln besitzt eine »Flug- und Streitschrift« von Sebastian Meyer aus dem Jahre 1523. Sie richtet sich gegen einen Erlass des Konstanzer Bischofs Hugo von Hohenlandenberg (1457–1532). Die »scharf formulierte« Kritik Mayers am bischöflichen Erlass gehört nach einer Publikation der Kölner Bibliothek »zu den besten satirischen Streitschriften der Reformation«.

Von Bern ging Sebastian Meyer nach Basel, wie der Reformator Johannes Oekolampad an Zwingli im November 1525 schreibt. Dann nach Straßburg und 1531 ist Sebastian Meyer »Evangelischer Prediger« in St. Georgen in Augsburg. 1536 erneut nach Bern berufen, kam es zu neuerlichen Auseinandersetzungen, die Meyer schließlich zermürbt veranlassten, 1541 sein Amt in Bern endgültig aufzugeben. Seine letzten Jahre verbrachte der in Neuenburg am Rhein geborene Reformator in Straßburg, wo er um das Jahr 1545 verstarb.

Geld – Macht – Liebe

Diese Geschichte hat Zutaten, aus denen man ein Familiendrama für Netflix & Co. stricken könnte: Es geht um Liebe, Sex und viel Geld, um reichlich juristische Händel und schwerwiegende persönliche Entscheidungen. Im Mittelpunkt: angesehene Bürger aus Neuenburg am Rhein und Basel und ein Knecht aus dem Schwabenland. Eine Geschichte, die sogar schon zum Gegenstand einer rechtsgeschichtlichen Doktorarbeit wurde.

Es war um das Jahr 1544, als der aus Lepsingen bei Nördlingen stammende junge Hans Jölin bei der sehr wohlhabenden Neuenburger Familie des 1546 verstorbenen Altbürgermeisters Leonhard Fuchs als Knecht eingestellt wurde. Eine Personalentscheidung, welche die Familie Fuchs und den aus der Basler Drucker- und Gelehrtenfamilie stammenden Schwiegersohn von Leonhard Fuchs, Bonifacius Amerbach, der mit der aus erster Ehe von Leonhard Fuchs stammenden Tochter Martha (1505–1541) verheiratet war, in umfangreiche Rechtsstreitigkeiten hineinzog. Elisabeth Koch geht in ihrer Dissertation im Fachbereich Rechtswissenschaft der Johann Wolfgang Goethe-Universität in Frankfurt am Main, die in den Schriften zur Rechtsgeschichte der Berliner Druckerei Duncker und Humblot erschienen ist, eingehend auf »Die Causa matrimonialis im Hause Amerbach/Fuchs« ein.

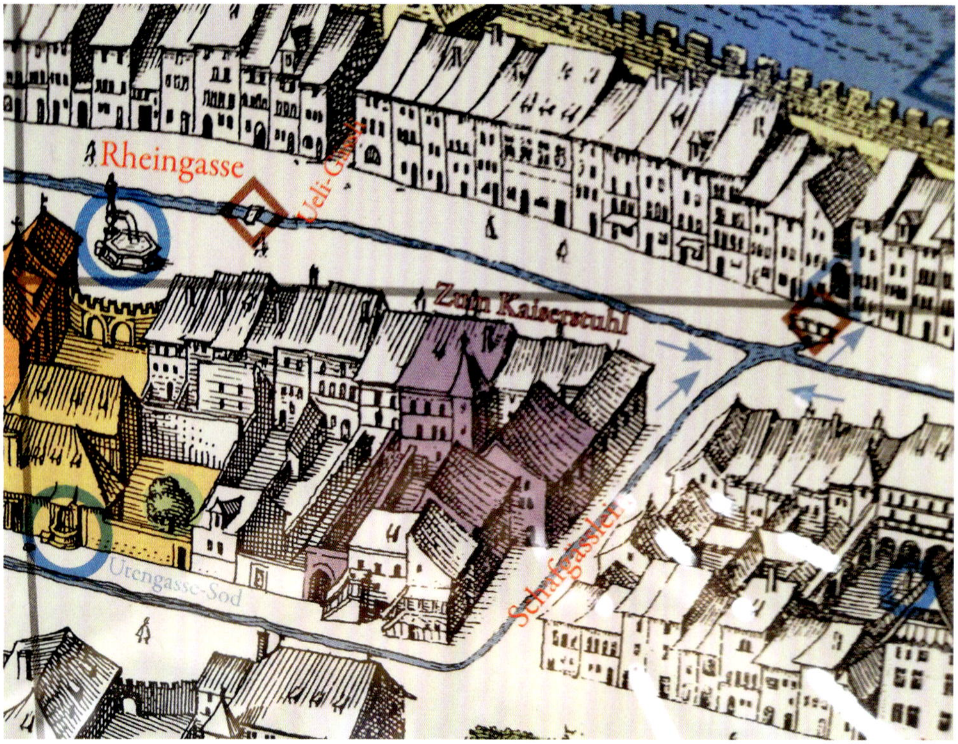

Haus zum Kaiserstuhl. Wohnsitz der Familie Amerbach in Basel, wo Susanna Fuchs bei der Basler Familie bis zur Niederkunft einquartiert war.

Die Geburt eines Mädchens am 19. Januar 1550 in dem in der Nähe der Basler Kartause gelegenen Haus der Familie Amerbach, »Zum Kaiserstuhl«, sorgte für große Aufregung im Hause Amerbach. Bonifacius Amerbach hatte die vor ihrer Niederkunft stehende Tochter Susanna (*1535) seines Schwiegervaters Leonhard Fuchs im Dezember 1549 von Neuenburg am Rhein nach Basel geholt. Die Familie war bemüht, dass die Geburt des Kindes der erst 15-jährigen Susanna nicht öffentlich bekannt wurde. Das Kind kam deshalb auch sofort nach der Geburt zu einer Amme. Es ist mit dieser 1552 an der Pest verstorben. Der Basler Wohnsitz der Amerbachs, das Haus »Zum Kaiserstuhl«, gehörte zur Pfarrei St. Theodor. In den Kirchenbüchern von St. Theodor, die heute als Kopie im Basler Kirchenarchiv aufbewahrt werden, ist weder die Geburt des Kindes noch dessen Taufe vermerkt.

»Die Schmach und die Schande«, die Susanna mit der Geburt des Kindes über Amerbachs Haus gebracht hatte, war groß und man suchte nach Wegen, Susanna loszuwerden, »darmit das geschrey ettwas geringert werde«. Schließlich wurde die Familie mit dem Dominikanerinnenkloster in Freiburg handelseinig. Am 12. März 1550 wurde Susanna direkt von Basel aus in das Freiburger Kloster verbracht. Geplant war, dass sie später »in die Ehe versorgt werden sollte«. Gegen den Widerstand der Familie entschied sie sich aber, »für immer im Kloster zu bleiben und eine ›frume kloster frouw‹ zu werden«. Eine Entscheidung, die zu großen Vermögensauseinandersetzungen zwischen dem Kloster und der Familie führen sollte.

Kurze Zeit nach der Geburt der Tochter von Susanna in Basel reichte der Kindesvater, Hans Jölin, im Februar 1550 Klage ein. Jölins Ziel war es, dass die Liebesbeziehung zwischen ihm und Susanna vom Gericht als Ehe anerkannt wurde. Die nun mit dem Eheprozess beginnenden verschiedenen Rechtsstreitigkeiten zogen sich über zwei Jahre hin.

Bonifacius Amerbach (1495–1562), Basler Jurist, Humanist und Erbe des Erasmus von Rotterdam. Oberhaupt der Familien Fuchs und Amerbach und deren Rechtsvertreter in den Rechtsstreitigkeiten um Susanna Fuchs.

Der angesehene Basler Rechtsgelehrte Bonifacius Amerbach war nach dem Tod seines Schwiegervaters Leonhard Fuchs das Oberhaupt der gesamten eigenen und angeheirateten Neuenburger Verwandtschaft geworden und hatte somit zunehmende Verantwortung für deren finanzielles und persönliches Wohlergehen zu tragen, das auch die Interessen seiner eigenen Basler Familie betraf. Bonifacius Amerbach wurde deshalb als Familienoberhaupt in die unangenehme Affäre hineingezogen.

In seiner Klageschrift trug Hans Jölin vor, dass die 13-jährige Susanna, etwa drei Jahre nachdem er im Hause Fuchs tätig geworden war, versucht habe, sich ihm zu nähern. Dem habe er sich aber entzogen, weil er die Reaktion der Familie ihm gegenüber fürchtete. Am 25. April 1548 habe Susanna ihn in ihr Zimmer gerufen und »eindringlich versucht mit ihm zu schlafen«. Als sie mit ihrem Drängen gar nicht aufhörte, habe er vorgeschlagen, vorher die Ehe zu schließen, »denn er sei, wie sie wisse, ein armer Geselle und er habe nichts«. »Sollt man das von mir erfahren, so wär ich vor diner Mutter und dinen frunden nitt sicher. Ich müste von Nuwenburg entloffen. Wenn du aber nit anderst wilt, So beger ich dein zu der ee.« Auf ihre Einwilligung zu seinem Begehren und ihrem weiteren Drängen habe er schließlich mit ihr geschlafen. Bis etwa Juni 1549 haben sie dann ihre Beziehung fortgesetzt.

Da er eine Tuchschneiderlehre beginnen wollte, habe er seine Arbeit bei der Familie Fuchs Anfang 1549 aufgegeben. Um die Osterzeit des gleichen Jahres habe er sich im Hause Fuchs aufgehalten. Susanna habe ihn »wiederum bedrängt« mit ihr zu schlafen, was zu ihrer Schwangerschaft führte. Im September 1549 habe er Susanna gesagt, dass er nach Lothringen gehen wolle. Susanna habe ihm hierauf vorgeworfen, »sie jetzt, wo sie schwanger sei, zu verlassen und ein Schelm an ihr zu werden«.

Im Dezember 1549 wurde Susanna der bevorstehenden Geburt wegen von Neuenburg zur Familie Amerbach nach Basel gebracht. Jölin hatte nun keinen Kontakt mehr zu ihr. Jölin hat schließlich an Bonifacius Amerbach geschrieben und ihn gebeten, »dem Ehevertrag zuzustimmen und ihm seine rechtmäßige Ehefrau zurückzugeben«. Auf sein Schreiben hat er von Bonifacius Amerbach jedoch keine Antwort erhalten.

Die Dissertation über den Eherechtsstreit stellt fest: »Jölin konstruiert aus seinem Verhältnis zu Susanna eine Ehe, die ohne Einhaltung irgendwelcher öffentlicher, formaler Handlung zustande gekommen sein soll. Er stützt sich dabei auf das zur Zeit des Prozesses geltende Recht, nach dem alleinige Voraussetzung für das Zustandekommen einer Ehe der hierauf gerichtete Konsens eines Mannes und einer Frau war.«

Nach einem unerfreulichen und mit großen finanziellen Aufwendungen geführten Prozess wurde Susanna Fuchs zur Erleichterung der Familie Amerbach/Fuchs schließlich am 8. Juli 1550 für »fry und ledig« erkannt. Da Hans Jölin kein Rechtsmittel gegen das Urteil einlegte, war der Eheprozess beendet.

Anfang April 1550 schaltete sich nun auch der Rat der Stadt Neuenburg ein und betrieb Nachforschungen über den Verbleib des nicht unbeträchtlichen Vermögens der Susanna Fuchs. Die Stadt wollte ein gerichtliches Verfügungsverbot über ihr Vermögen erreichen, denn Neuenburg befürchtete, ihr Vermögen könnte nach Basel abgezogen werden.

Am 13. Juli 1550 erhielt Bonifacius Amerbach die ihn »erschreckende und bestürzende« Nachricht, dass Hans Jölin beabsichtige, Susanna »wegen versuchter Abtreibung« vor Gericht zu bringen, um »sich dermossen zu rechen und Susann in gfor zu bringen«. Amerbach schätzte die Gefahr für Susanna sehr hoch ein

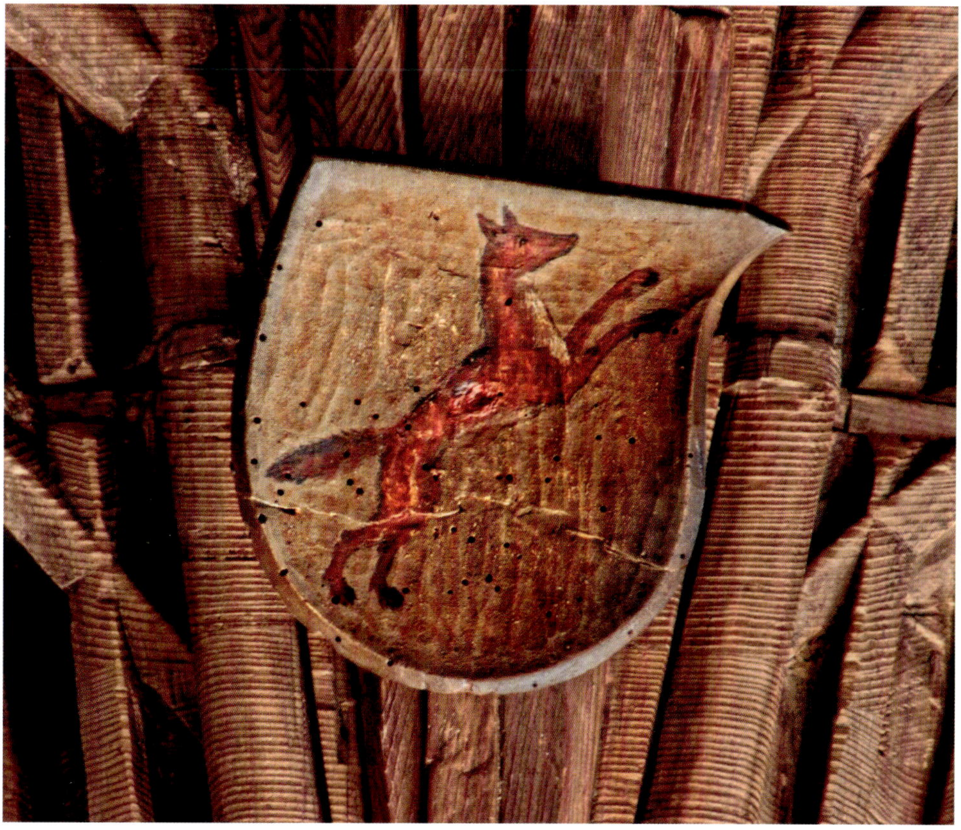

Wappen des Neuenburger Bürgermeisters Leonhard Fuchs in der Basler Kartause.

und beabsichtigte nun seinerseits, Jölin wegen Verführung Susannas anzuklagen. Quellen über den Verlauf des Strafprozesses gegen Susanna wegen versuchter Abtreibung sind nicht mehr vorhanden. Das Verfahren konnte die Familie jedoch erfolgreich abwehren.

Susanna, die sich seit März 1550 im Kloster St. Agnes in Freiburg aufhielt, teilte Ende Mai Bonifacius Amerbach überraschend mit, sie würde, entgegen der Absicht der Familie, dass sie nur vorübergehend in St. Agnes bleiben solle, in den Konvent des Klosters eintreten. Neuer Ärger für die Familie, nun mit dem Kloster, zeichnete sich ab.

Für das Kloster St. Agnes war der Eintritt Susannas schon ihres Reichtums wegen von »großer wirtschaftlicher« Bedeutung. Mit allen Mitteln versuchte die Familie, Susanna von ihrem Vorhaben, in St. Agnes einzutreten, abzuhalten. Auf Wunsch Amerbachs schaltete sich nun der mit der Familie befreundete Pfarrer Truckhenpot von St. Theodor in Basel ein, um Susanna vom Eintritt ins Kloster abzubringen. In einem langen Brief vom 22. Juli 1552 schilderte er ihr in den »schwärzesten Farben« ihre Zukunft im Kloster: »O wie warnet der getruw hirt Christus seine schaffle vor solchen leuten. Man sucht warlich nit dich, sondern dein gut – das ist closterarmut – wenn du nichts hettest, sy sehen dich nit an. So ist hieruft mein hertzlichest und trungelicheseten bitt an dich, umb der ehren Gottes und deiner seelen hayl willen wellest du das closter Leben verlassen.« Es half nichts. Susanna legte am 21. August 1552 ihre Gelübde ab und trat in das Kloster St. Agnes ein. Doch damit war der Skandal im Hause Fuchs/Amerbach noch nicht beendet. Ein langwieriger Vermögenskonflikt der Familie mit dem Kloster St. Agnes in Freiburg war die Folge.

Johann Jakob Sturm

An den früheren Bürgermeister von Zienken, Johann Jakob Sturm, erinnert heute nichts mehr im Neuenburger Stadtteil und so wäre es vermutlich auch geblieben, hätte nicht der Landtag von Baden-Württemberg und die Kommission für geschichtliche Landeskunde ein »Biographisches Handbuch der badischen Landtage« in Auftrag gegeben.

Erst durch eine Anfrage des Historischen Instituts der Universität Stuttgart wurde die Stadt auf die »bedeutende Zienkener Persönlichkeit« Johann Jakob Sturm aufmerksam. »Wir hegen und pflegen zwar die Denkmäler aus feudalistischer Zeit, die früheren Demokraten jedoch sind ziemlich vergessen.« So berichtet eine Ausstellung im Konstanzer Rosengartenmuseum über »Revolutionäre im Südwesten«.

Johann Jakob Sturm wurde am 3. Oktober 1802 in Zienken geboren. Seine Eltern waren der Wirt des Gasthauses »Salmen«, Hans Jerg Sturm, und Margaretha Moos. Im Jahre 1835 übernahm Johann Jakob Sturm den »Salmen« in Zienken, nachdem sein Vater im Jahre 1830 verstorben war. Von 1843 bis 1849 war Johann Jakob Sturm Bürgermeister in Zienken.

Johann Jakob Sturms Gasthaus zum »Salmen«.

Die badische Freiheitsbewegung und das Scheitern der Revolution 1848/1849 wurde schicksalhaft für Sturm. Johann Jakob Sturm, 1849 Mitglied der konstituierenden Versammlung und Vater von sechs Kindern, wurde vom Großherzoglichen Hofgericht in Bruchsal am 10. Januar 1850 zu sechs Jahren Zuchthaus verurteilt, weil er »der Teilnahme an den in den Monaten Mai und Juni 1849 verübten hochverräterischen Unternehmungen« für schuldig befunden wurde.

Die Liste der Mitglieder der Badischen verfassungsgebenden Versammlung von 1849 nennt Johann Jakob Sturm im Wahlbezirk VI als Bürgermeister von Zienken. Die Wahl zur Badischen verfassungsgebenden Versammlung war am 3. Juni 1849. Ihre Sitzungen vom 10. Juni 1849 bis 30. Juni 1849 wurden in Karlsruhe abgehalten.

Noch bevor das Urteil des Großherzoglichen Hofgerichts vollstreckt werden konnte, flüchtete Sturm in die Gegend von Mülhausen (Elsass). Er beauftragte einen Freiburger Rechtsanwalt, »Rekurs« beim Mannheimer Oberhofgericht einzulegen.

In seinem Schriftsatz trägt der Anwalt vor: »Von der Teilnahme an einem Volksverein oder dem Besuch von Volksversammlungen ist bei Sturm keine Rede. Sturm ist schon früher ein angesehener und geachteter Mann im Vorschlag zur Wahl als Abgeordneter in die zweite Kammer der Landstände. So kam es auch, dass er in dem Bezirk in welchem Wähler noch einige Selbständigkeit bewiesen und ihre Kandidaten aus Ehrenmännern ihrer Gegend nahmen, ganz ohne sein Wissen und ohne sein Zutun gewählt wurde.«

Es half alles nichts. Das Oberhofgericht bestätigte am 22. August 1850 das Urteil des Hofgerichtes: 6 Jahre Zuchthaus, »weil die Mitglieder der sogenannten verfassungsgebenden Versammlung nach den Anstiftern und Führern der Revolution die strafwürdigsten Teilnehmer am Hochverrat seien«.

Das Vermögen von Johann Jakob Sturm, zu dem auch der »Salmen« in Zienken gehörte, wurde beschlagnahmt und 1851 versteigert. Sturm hat sich nach seiner Flucht im Elsass aufgehalten, wo er zahlreiche Bekannte hatte und einen Holzhandel betrieb. Der Präfekt in Colmar schreibt, dass »der vormalige Bürgermeister von Zienken, welcher sich als politischer Flüchtling in Mülhausen aufgehalten hat, den Befehl erhielt, die Stadt zu verlassen und dass Sturm 1851 nach Oran in Algerien abgereist ist.« In Algerien war er als Gutspächter tätig.

Über das Schicksal seiner Familie, seine Frau ist 1851 in Zienken verstorben, seine Kinder sollen ihm nach Algerien gefolgt sein, ist nichts bekannt. Auch das weitere Leben des Johann Jakob Sturm bleibt im Dunkeln. Sein Wirken in Zienken ist vergessen.

Nach dem Erscheinen des »Historischen Schaufensters« in der »Badischen Zeitung« mit dem Bericht über Johann Jakob Sturm bemühte sich der Zienkener Stadtrat Kurt Erhardt um eine Gedenktafel zur Erinnerung an Sturm in Zienken. Seine Bemühungen liefen leider ins Leere.

Erasmus von Rotterdam

Erasmus von Rotterdam (um 1466–1536) war einer der größten Gelehrten seiner Zeit und einer der Wegbereiter der Reformation. Von 1514 bis 1529 lebte er in Basel und hatte bald einen auserlesenen Freundeskreis, zu dem auch der Basler Rechtsgelehrte und Rektor der Universität Basel, Bonifacius Amerbach (1495–1562) gehörte, mit dem ihn eine enge Freundschaft verband und die auch zu seiner Verbindung nach Neuenburg führte.

Bonifacius Amerbach heiratete am 25. Februar 1527 die Neuenburgerin Martha Fuchs (*1505), eine Tochter des Neuenburger Altbürgermeisters Leonhard Fuchs. Dass Amerbach seine Frau in Neuenburg suchte, war nicht zufällig. Die Mutter von Martha, Magdalena Zscheckenbürlin, war eine Schwester des Priors der Basler Kartause, der mit Leonhard Fuchs in enger Verbindung stand. Durch die Verwandtschaft Amerbachs mit der Familie Fuchs kam es zur Verbindung des Erasmus von Rotterdam nach Neuenburg. Unter den Hochzeitsgästen im Hause Fuchs finden wir unter Amerbachs Freundeskreis auch den Basler Stadtarzt Paracelsus, Bahnbrecher neuzeitlicher Medizin. Die von der Universität Basel herausgegebene »Amerbachkorrespondenz« vermittelt einen Eindruck »vom Leben und Gedankengut der humanistischen Kreise« in Basel und die Kontakte Amerbachs nach Neuenburg.

Die Reformation vertrieb Erasmus aus Basel. Mit dem Schiff fuhr er 1529 mit Bonifacius Amerbach von Basel nach Neuenburg und bezog im Hause von Amerbachs Schwiegervater Quartier. Er beabsichtigte zunächst im vorderösterreichischen, katholischen Neuenburg Wohnsitz zu nehmen. Am 27. Februar 1529 suchte auch das Basler Domkapitel Zuflucht in Neuenburg. Noch im selben Jahr ging Erasmus von Rotterdam jedoch nach Freiburg, das zu seinem neuen Wirkungskreis wurde. Doch schon 1535 kehrte er wieder in das in der Zwischenzeit protestantisch gewordene Ba-

Erasmus von Rotterdam.

sel zurück. Obwohl er die Reformation ablehnte, genoss er in Basel auch nach seiner Rückkehr »hohes Ansehen«.

Am 12. Juli 1536 ist Erasmus von Rotterdam im »Hause zur Luft« in Basel gestorben. Große Wertschätzung wurde ihm in Basel entgegengebracht. Er erhielt im nun protestantisch gewordenen Basler Münster seine letzte Ruhestätte. Bonifacius Amerbach, nach ihm hat die Stadt Neuenburg am Rhein (auf Vorschlag des Ratsschreibers) sein Bildungshaus am Stadtgraben benannt, wurde sein Erbe. Das notarielle »Inventarium« belegt, dass Erasmus von Rotterdam, als er Basel 1529 verlassen hatte, zur Sicherheit 900 Kronen in Gold bei »Lienhart Fuchs zu Nüwenburg« hinterlegte.

Damit schließt sich das Kapitel um Erasmus von Rotterdam und Neuenburg. Der Jurist Bonifacius Amerbach wirkte noch bis zu seinem Tod 1562 in Basel und für die Familie Fuchs in Neuenburg. 1533 wurde sein Sohn Basilius, später Rektor der Universität in Basel, geboren. 1541 wurden Amerbachs Ehefrau Martha Fuchs und die jüngste Tochter Esther Opfer der in Basel wütenden Pest. Altbürgermeister Leonhard Fuchs starb im Sommer 1546. An ihn erinnert in der Basler Kartause das Wappen der Neuenburger Familie Fuchs. In der Basler Kartause fand die Familie Amerbach ihre letzte Ruhestätte. Im Kreuzgang der Kartause befindet sich ein prächtiges Epitaph der Familie Amerbach.

Mathias von Neuenburg

Etwas mehr als 100 Jahre nach der Stadtgründung, Neuenburg spielte im Kreise der oberrheinischen Städte bereits eine bedeutende Rolle, wurde Mathias in Neuenburg geboren. Es war die Zeit, als einflussreiche Adelsgeschlechter in der Zähringergründung ihren Wohnsitz nahmen. Weder über seine Kindheit noch über seine Jugend, die er in seiner Geburtsstadt verbrachte, ist etwas bekannt.

Wir begegnen ihm erstmals im Jahre 1315 als Student an der Universität in Bologna. »Herr Mathias von Neuenburg, Konstanzer Diözese«, steht im Rechnungsbuch der Universität, hatte die Immatrikulationsgebühr von vier Schilling zu zahlen. In Bologna – die oberitalienische Stadt beherbergte seit dem 12. Jahrhundert die international bedeutendste Universität für römisches und kanonisches Recht – erwarb Mathias von Neuenburg den Grad eines Magisters des kanonischen Rechts. In Bologna knüpfte er während seiner Studienjahre bedeutende Kontakte, die ihm auf seinem weiteren Lebensweg von besonderem Vorteil waren.

Der junge Jurist stand im 30. Lebensjahr, als er Advokat am bischöflichen Gericht in Basel wurde. In einer am 5. November 1327 gesiegelten Urkunde wird er vom Basler Domstift als »Magister Mathias von Neuenburg, Advokat in unseren Gerichtshöfen« erwähnt. Durch seine Heirat mit der Basler Bürgerstochter Elisabeth Münch trat Mathias in Verbindung zu einem bedeutenden und mächtigen Patriziergeschlecht der Stadt am Rheinknie. In Basel kam es zwischen Mathias von Neuenburg und Berthold von Buchegg zu einer schicksalhaften Verbindung. Als Berthold von Buchegg von Papst Johannes XXII. zum Bischof von Straßburg ernannt wurde, nahm er den ihm als »wissensreichen und geschäftsgewandten Kenner des kanonischen Rechts« bekannten Mathias von Neuenburg in seine Dienste. Auch unter Berthold von Bucheggs Nachfolger auf dem Straßburger Bischofsstuhl, Johannes von Lichtenberg, blieb Mathias von Neuenburg im Dienst des Straßburger Bischofs.

Im Erzbischöflichen Archiv in Freiburg im Breisgau ist eine Urkunde vom 25. August 1364 mit dem Siegel des Mathias von Neuenburg erhalten. Bekannt wurde Mathias von Neuenburg durch seine Chronik, die nach dem Vorwort »von Magister Matthias von Neuenburg, Kleriker des ehrwürdigen Vaters und Herrn Berthold von Bucheck«, verfasst worden ist. Die Chronik des Mathias von Neuenburg ist »wegen der auf persönlichen Beziehungen und Erfahrungen beruhenden Kenntnisse und der Weltläufigkeit des Autors zu den wichtigsten Quellen zur Reichsgeschichte und zur südwestdeutschen Landesgeschichte des 14. Jahrhunderts zu rechnen«. Sie gilt als »eine der wertvollsten Chroniken des Mittelalters« und als »eine der interessantesten und spannendsten Chroniken der Reichsgeschichte wie des Mittelalters überhaupt«.

Gegen 1370 ist Mathias von Neuenburg verstorben. Am 20. August wurde nach dem Nekrologium der Neuenburger Johanniter der Jahrestag seines Todes begangen. Es ist ein Zufall, dass an einem 20. August der von der Basler Künstlerin Bettina Eichin geschaffene Brunnen zur Erinnerung an Mathias von Neuenburg am Kreuzungspunkt des alten Zähringer Straßenkreuzes in Neuenburg am Rhein eingeweiht wurde: eine vier Meter hohe Bronzefeder in einem Tintenfass.

Siegel von Mathias von Neuenburg, 1355.

Der »Mathias-von-Neuenburg-Brunnen« der Basler Künstlerin Bettina Eichin, errichtet 1995 im 700. Geburtsjahr des berühmten Sohnes der Stadt Neuenburg am Rhein.

Schaltzentrale des europäischen Kriegstheaters

Der 18. Juli 1639 im Franziskanerkloster in Neuenburg ist für die Geschichte des Dreißigjährigen Krieges ein bedeutsames Datum. An diesem Tag starb im Neuenburger Kloster der 1604 in Weimar geborene Herzog Bernhard von Weimar an der Pest. Mit ihm schied ein Mann aus den Reihen der Lebenden, der eine bedeutende Rolle in den Ereignissen des Dreißigjährigen Krieges spielte. Wie aus seinen Plänen und Entwürfen zu entnehmen ist, hätte der Dreißigjährige Krieg einen anderen Abschluss gefunden, wenn Bernhard von Weimar seine Ziele erreicht hätte.

1631 schloss er sich Gustav Adolf an und übernahm nach dessen Tod den Oberbefehl. Bernhard von Weimar war auf den Schlachtfeldern im ganzen Reich zu finden. Im März 1638 stand er mit seiner Armee vor der Stadt Neuenburg. Mit der Einnahme von Neuenburg war es Bernhard von Weimar möglich, eine Schiffbrücke über den Rhein zu schlagen und die Wasserstraße zwischen Breisach und Basel zu beherrschen. Mit dem Ausbau der Befestigungsanlagen in Neuenburg wurde die Stadt Bernhards Hauptquartier und zu einer »Schaltzentrale des Kriegstheaters«.

Im Juni 1638 kam ein Gesandter Kaiser Ferdinands III. nach Neuenburg, um dem Herzog Vorschläge für einen »Allgemeinen Frieden« zu machen. 1639 fasste der Herzog den Entschluss, seine in Burgund befindlichen Truppen nach Neuenburg zurückzuführen. »Ich breche übermorgen von hier auf wegen großer peste«, schreibt er an General Erlach, dem er den Befehl erteilte, die nötigen Anordnungen zur raschen Instandsetzung der Neuenburger Schiffbrücke zu treffen. Über Pfirt gingen die Truppen direkt nach Neuenburg, während sich Bernhard von Weimar zunächst nach Hüningen begab. In Hüningen überfiel ihn ein heftiger Fieberanfall. Er ließ sich mit dem Schiff in sein Hauptquartier nach Neuenburg bringen.

Anhand der Berichte seines Kanzlers und seines Hofpredigers schildert Gustav Droysen in seinem Buch »Bernhard von Weimar« die letzten Stunden des großen Feldherrn in Neuenburg: »Als das Schiff in Neuenburg anlegte, marschierten die Truppen über den Rhein. Er lag todesmatt an Bord des Schiffes und konnte ihnen nur mit den Augen folgen. Denn die Krankheit neigte sich rasch zum Schlimmen. Er fühlte, dass er mit dem Leben fertig sei. Er ließ seine drei vertrautesten Obersten, Erlach, Oehm und Rosen kommen und ermahnte sie, im Falle seines Todes treulich zusammenzuhalten, sich vor Zwietracht zu hüten und die gute Sache nicht sinken zu lassen. Die folgende Nacht verlief sehr schlecht. Die Aerzte hatten keine Hoffnung mehr. Bernhard

Herzog Bernhard von Weimar.

Grabmal des Herzogs Bernhard von Weimar, Stadtkirche Weimar.

erfuhr es mit muthiger Fassung. Früh am Morgen verlangte er nach seinem Hofprediger Daniel Rücker und seinem Kanzler Ulrich Rehlinger. Dann sprach er, da es zu Ende gehe, thue er ihm seinen letzten Willen kund: ›nicht wie er wolle, sondern wie er wegen der Kürze der Zeit könne‹. Seinem Generalmajor Erlach und den Obersten, an erster Stelle Oehm und Rosen, übertrug er das Commando über seine Armee; denn er wünschte, dass sie auch, wenn er nicht mehr an ihrer Spitze stünde, ein selbständiges Ganzes bliebe und nicht französischer Führung anheimfiele. Danach verlangte er vom Hofprediger das Abendmahl. Dann kam die letzte Stunde. Mit ersterbender Hand machte er das Zeichen des Kreuzes und verschied. Es war morgens um 7 Uhr. Neuenburg wurde nach Bernhard von Weimars Tod französisch, nachdem General Erlach unter Missachtung des letzten Willens des toten Herzogs Land und Armee an die Franzosen verkaufte. Erst im Westfälischen Frieden 1648 kam die Stadt an Österreich zurück.

In seinem 1988 in Basel erschienenen Buch »Kopfgeburt einer Nation – Das Dreieckland« schreibt Markus Kutter: »Wäre Bernhard nicht so früh gestorben, wäre das Schicksal des Elsasses, der Waldstädte und des Breisgaues gewiss ein anderes geworden. Bekanntlich lägen auch die Grenzen, die heute die oberrheinischen Lande trennen, an ganz anderer Stelle.«

Papst Johannes XXIII.

»Zur Zeit des Konstanzer Konzils streift Neuenburg wiederum der Flügelschlag großer Geschichte und – wenig beobachtet – wirkte Neuenburgs Haltung mit, die verworrenen Verhältnisse in Kirche und Welt zu klären«, schreibt Konstantin Schäfer in seinem Buch »Neuenburg. Die Geschichte einer preisgegebenen Stadt«.

Dem Konstanzer Konzil ging ein vierzigjähriges Schisma voraus, das die Kirche in zwei sich heftig bekämpfende Parteien gespalten hatte. 1409 wurden auf dem Konzil von Pisa die beiden Päpste Gregor XII. und Benedikt XIII. abgesetzt und an ihrer Stelle der Mailänder Kardinalerzbischof als Alexander V. zum Papst gewählt. Die beiden abgesetzten Päpste betrachteten sich jedoch weiterhin als rechtmäßige Herren der Christenheit. Eine noch größere Verwirrung war entstanden. 1410 starb Alexander V. Unter seinem Nachfolger, Johannes XXIII., kam es zur Einberufung einer allgemeinen Kirchenversammlung. Sie hatte die Aufgabe, die Kirchenspaltung zu beseitigen und die Kirche zu reformieren. Ende 1414 wurde das Konzil in Konstanz eröffnet.
Da Johannes XXIII. das Konzil nicht in seinem Sinne beeinflussen konnte und die Versammlung auch von ihm den Verzicht auf die Tiara forderte, verließ er am 20. März 1415 in aller Heimlichkeit Konstanz. Sein Ziel war Frankreich oder Burgund. Herzog Friedrich IV. von Österreich, bei dem er politischen Rückhalt suchte,

Johannes XXIII. Aus: Das Concilium, so zu Constanz gehalten ist worden. Faksimile von 1536. Von Ulrich von Richental.

war mit ihm ein Bündnis eingegangen. Friedrich IV. folgte dem flüchtigen Papst, um ihn über seine vorderösterreichischen Gebiete in Sicherheit zu bringen. Am 25. April 1415 traf der Papst in Neuenburg ein, wo auf dem gegenüberliegenden Rheinufer bereits burgundische Truppen zum Schutz des Papstes bereitstanden. Da König Sigismund über den Habsburger Friedrich IV. wegen der Unterstützung des flüchtigen Papstes die Reichsacht verhängte, befand sich Neuenburg nun in einer misslichen Situation.

Über den Aufenthalt des Papstes in Neuenburg berichtet die Chronik: »Mit gemischten Gefühlen beobachteten die Bürger den Einzug von Johannes XXIII. in ihre Stadt.« Es war kein jubelnder Empfang. Johannes XXIII. und sein Gefolge bezogen das Franziskanerkloster. Die Stimmung in der Stadt wurde immer erregter. Da tauchte das Gerücht auf, dass die Städte Straßburg und Basel Neuenburg mit Truppen überfallen wollten, um die Auslieferung des Papstes zu erzwingen. Nun bewaffneten sich die Bürger der Stadt und zogen drohend vor das Quartier des Papstes. Eine Flucht auf das rettende jenseitige Ufer des Rheins war nicht mehr möglich. Herzog Friedrich IV. verließ die Sache des Papstes und zwang ihn, nach Konstanz zurückzukehren. Unter den feindseligen Bekundungen der Neuenburger Bürger flüchtete der Papst beim Unteren Tor aus der Stadt.

Johannes XXIII. wurde vom Konzil in Konstanz abgesetzt und in Haft genommen. Am 11. November 1417 wurde Oddo Colonna zum Papst gewählt. Er wählte den Namen Martin V., des Tagesheiligen seiner Papstwahl, Martin von Tours. Die Kirche hatte wieder ein Haupt, die große Kirchenspaltung war beigelegt. Die Neuenburger hatten durch ihren Aufstand mit dazu beigetragen, »das unheilvolle Schisma zu beenden«.

Als Folge des Konzils wurde Neuenburg nochmals – für kurze Zeit – Reichsstadt. Nach 1422 kehrte die Stadt unter die Herrschaft Österreichs zurück. Friedrich IV. wurde wieder in seine alten Rechte eingesetzt. Der abgesetzte und inhaftierte Papst Johannes XXIII. wurde 1418 freigelassen, nachdem er sich Martin V. unterworfen hatte. Von Papst Martin V. zum Bischof und Kardinal erhoben, starb er im Dezember 1419.

Der Basler Stadtarzt Felix Platter in Neuenburg

Der Neuenburger Sigmund von Andlau war während seiner Schulzeit Gast im Hause der Familie von Thomas Platter in Basel. Der Sohn, Felix, der später ein berühmter Stadtarzt Basels wurde, und der junge Sigmund von Andlau waren sehr schnell miteinander befreundet. Zur Fasnacht 1546 fuhr Sigmund von Andlau zu seinen Eltern nach Neuenburg am Rhein in die Ferien. Sein Basler Freund Felix Platter (1536–1567) und Balthasar Hummel, ein Sohn des Kleinbasler Stadtsöldners Peter Hans Hummel, begleiteten ihn. Es war Felix Platters »erste Reis von Basel«. Auf dem Rhein ging es »in eim nachen hinab« nach Neuenburg in den Andlauer Hof. Noch nach Jahren erinnert sich Felix Platter an seine Ferienerlebnisse und an die Fasnacht im vorderösterreichischen Neuenburg, die er in seinem Tagebuch festhielt. Zu den Fasnachtsvergnügen in Neuenburg gehörten auch antiklerikale Späße, zu denen die Jungen von Sigmunds Mutter Eva, einer geborenen von Pfirt, auch noch ermuntert werden. Sie machten sich über den Priester lustig, den Felix Platter wie folgt beschreibt: »Ich hab einen

Felix Platter.

Der Basiliskenbrunnen am Basler Platz. Geschenk der Stadt Basel.

im langen schönen rock, so rott ist gesechen, hatt ein wiß Schwitzerkrütz am rucken der hatt etwas geßen und druncken und niemand etwas davon geben.« Dass der Priester die Kommunion austeilte, dürfte dem Basler entgangen sein. Die drei jungen Männer nutzten die Fasnacht auch, um jeden »pfaffen«, den sie auf der Straße treffen, zu attackieren. Sie genossen die traditionellen Fasnachtskuchen und -tänze und ergötzen sich über die als Frauen verkleideten Männer.

Die drei Töchter der Familie Andlau scheuen sich unabhängig von aller Fasnachtskostümierung nicht, Felix mehr oder weniger nackt oder nur mit einem »underock« bekleidet zu umlagern, wenn er ihnen Geschichten erzählt. Felix Platter, »der Schönredner und Lautespieler, ist ohne Zweifel ein begabter Junge«.

Dem Tagebuch des jungen Baslers Felix Platter sind die frühesten Hinweise auf die Neuenburger Fasnacht und auf alte Fasnachtsbräuche in Neuenburg zu danken. Wir erfahren, dass es im 16. Jahrhundert zur Fasnacht in Neuenburg bereits die noch heute bekannten »Fasnachtskiechli« gab. Felix Platter berichtet, dass er mit den Andlauer Mädchen in »Jacob von Leuwenberg hus fasnachts kiechlin«

holte. Auch das Verkleiden war sehr beliebt. Die Andlauer Mädchen steckten Felix für den Besuch bei den Leuwenbergers in Mädchenkleider. Er schreibt: »sie satzten mir ein goldene huben uf, die mir wohl anstundt, wie sy sagten« und gaben ihn bei der Nachbarsfamilie als ihr »Bäschen« aus »bis man anfieng dantzen, do musst ich mich zekennen geben«, berichtet das Tagebuch.

Tanzen und Verkleiden gehörten zur Fasnacht. In der Tanzlaube, den Wirtshäusern und in den Schenken gaben sich die Bürger den Fasnachtslustbarkeiten hin. Tanzlaube und Wirtshäuser waren zur Fasnacht wohl gefüllt und vom närrischen Treiben in Besitz genommen. Musikantinnen spielten zum Tanz auf, wie auf einer spätmittelalterlichen Neuenburger Ofenkachel zu sehen ist.

Karl Saurer

Fernab von Hektik und Stress liegt im Schweizer Zugerland Bad Schönbrunn ein von Jesuiten geführtes Zentrum der »Spiritualität und des sozialen Bewusstseins«. Hier verbrachte der 1873 in Neuenburg am Rhein geborene Karl Saurer seine letzten Lebensjahre. »P. Karl Saurer 1873–1961« steht auf der schlichten Gedenktafel seiner letzten Ruhestätte auf dem Ordensfriedhof.

Wer dem aus Neuenburg am Rhein stammenden Pater begegnet ist, versteht sehr schnell, weshalb ihm die Gesellschaft Jesu aus Johannes 2,17 »Der Eifer um Dein Haus hat mich aufgerieben« auf den Sterbezettel geschrieben hat. Am 6. Oktober 1961 verstarb Karl Saurer in Luzern. Wer der Lebensgeschichte des am 30. Mai 1873 in Neuenburg am Rhein geborenen Gastwirtssohnes Karl Gotthard Saurer nachgeht, findet ein gemeistertes und menschlich reiches Leben. Der Jesuit Karl Saurer war zeitlebens davon überzeugt, dass er seine Berufung der Muttergottes von Einsiedeln zu verdanken hatte, zu deren Gnadenbild er als junger Abiturient eine Wallfahrt machte.

Kurze Zeit nach dem Abitur am Großherzoglichen Gymnasium in Rastatt trat Karl Saurer am 30. September 1893 in das Noviziat der Gesellschaft Jesu ein. Am 30. August 1903 wurde Karl Saurer zum Priester geweiht. Während seines Heimaturlaubs

Karl Saurer.

besuchte er seine Mitbrüder in Basel. Ein Besuch von richtungweisender Bedeutung. Karl Saurer begann sein erfolgreiches und außerordentliches Wirken in der Basler Jugendarbeit. Das 1908 in Basel errichtete Borromäum benannte er nach seinem Namenspatron. Saurer wurde Präses und trug die gesamte Verantwortung für die Jugendarbeit. Die Basler Jahre von 1903 bis 1924 gehören zu seiner großen Zeit. Von

Basel, wo er in den 1920er-Jahren das Bürgerrecht bekam, führte ihn sein Weg als Spiritual in das theologische Seminar nach Chur.

Nach zehnjähriger Tätigkeit in Chur erreichte Pater Karl Saurer im Jahre 1935 der Ruf des Freiburger Erzbischofs Conrad Gröber an das »Collegium Borromaeum« nach Freiburg im Breisgau. Hier erlebte er die Zerstörung der Stadt und des Seminars im September 1944. Seiner zerstörten Heimat widmete er nun seine ganze Kraft. Seine erste Hilfsaktion galt der Beschaffung von Ziegeln für das Freiburger Münster. Im Auftrag des deutschen Caritasverbandes startete er am 15. November 1946 zur »Aktion Saurer«. Fast drei Jahre sammelte er unermüdlich Geld, Kleider und Lebensmittel. Seine Aktion konnte über 100 Waggons Hilfsgüter nach Deutschland schicken.

1949 kam Pater Karl Saurer zurück in seine Wahlheimat in die Schweiz. Es folgten die Jahre als Spiritual in Bad Schönbrunn. »Schließlich kam auch er, wie andere vor ihm, in den Steinhof, ein Luzerner Alten- und Pflegeheim, wo er mit ›Gelassenheit und Humor‹ seine letzten Lebensjahre verbrachte«, wie in den Mitteilungen des Zentrums der Spiritualität und des sozialen Bewusstseins der Jesuiten in Bad Schönbrunn notiert ist.

Seine Lebensgeschichte und seine Verdienste sind in seiner Heimatstadt Neuenburg am Rhein weithin vergessen und unbekannt. »Während andere Auszeichnungen erhielten, wurde er übergangen, aber er verlor darüber nie ein Wort. Es war nie seine Art gewesen, sich Lorbeeren zu suchen«, steht im Nachruf seines Ordens.

Schwester Adelberga

Nachdem die Barmherzigen Schwestern vom heiligen Vinzenz von Paul das Malteser-Schloss in Heitersheim verlassen hatten, ging eine Ära zu Ende. An die Zeit der Schwestern erinnert nur noch der Schwesternfriedhof, der etwas versteckt hinter dem Schloss liegt. Heerscharen von Ordensschwestern haben hier ihre letzte Ruhe gefunden. Wir suchen auf dem kleinen Friedhof unter den vielen kleinen Steinkreuzen nach der Grabstätte der letzten Oberin des Neuenburger Spitals, Schwester Adelberga, deren langem Lebensweg wir nachgehen.

Am 1. Januar 1886 wurde Brigitta Fallert in Sasbachwalden geboren. Bei ihrem Eintritt bei den Vinzentinerinnen erhielt sie den Ordensnamen Adelberga, der auf dem stark verwitterten Grabstein entziffert werden kann. Im Jahre 1909 wurde Schwester Adelberga, sie war 23 Jahre alt, von ihrer Ordensgemeinschaft nach Neuenburg am Rhein abgeordnet. Fünf Jahre früher, im Januar 1904, besuchte der bekannte Volksschriftsteller Heinrich Hansjakob als Gast des legendären Schlüsselwirts Erhard Witz die Rheinstadt. In seinen Reiseerinnerungen schreibt er: »Gegen sechs Uhr kam ich nach Neuenburg, der Niobe unter den alten Städten am Oberrhein. Sie war einst die bedeutendste Stadt zwischen Freiburg und Basel und wie das erste eine Gründung der Herzöge von Zähringen. Mitleidsvoll wanderte ich heute abend durch ihre einsame, armselige Hauptstrasse, aber auch von Ingrimm ergriffen darüber, wie man

Schwester Adelberga (1886–1976) im Hof des Spitals (1958).

früher mit Bürgern und Bauern umging, wenn die edlen Fürsten sich in selbstsüchtigem Interesse bekämpften.«

So ähnlich dürfte Schwester Adelberga empfunden haben, als sie mit ihrem Koffer, der ihre wenigen Habseligkeiten enthielt, mit dem Zug hier eintraf. Kein großer Bahnhof empfing sie, wie das, sieben Jahre später, 1916, bei der Investitur von Stadtpfarrer Karl Friedrich David der Fall war. Zunächst war die junge Schwester im Kindergarten beschäftigt. Eine weitere Station der Schwester war das 1879 errichtete Neuenburger Spital, das 1981 dem Bau des Stadthauses weichen musste.

Die beiden Weltkriege brachten für die Schwestern im Spital große Herausforderungen. »Erinnern wir uns, als der Spitalbetrieb auf vollen Touren lief. Als Westwallarbeiter aus allen Teilen unseres Landes in den eigens eingerichteten Krankenstuben gepflegt und versorgt wurden; denken wir an die Pfründner, an die vielen heimatlosen Flüchtlinge, welche hier über die Grenze kamen, und an alle anderen sich in Not befindlichen Menschen, welche im Spital Aufnahmen fanden. Ihnen und allen, welche nach dem Zweiten Weltkrieg Aufnahme fanden, hat Oberschwester Adelberga mit ihren Mitschwestern gedient«, berichtet die »Badische Zeitung« in ihrem Beitrag »Das Gebot Christi erfüllt« zum 80. Geburtstag der Oberschwester Adelberga.

Das Spitalgebäude hat sich in den 1950er-Jahren nicht mehr als Krankenhaus geeignet und diente nur noch »als ein sogenanntes Armenhaus«. In dieser »primitiven Unterkunft« wohnten in der kriegszerstörten Stadt auch die drei in Neuenburg verbliebenen Schwestern des Ordens.

Durch den Bau der Autobahn Karlsruhe–Basel wurde die Gemarkung Neuenburg am Rhein auf ganzer Länge in Anspruch genommen. Für den Geländeverlust erhielt die Stadt eine Entschädigung, die es der nach dem Krieg »nicht auf Rosen gebetteten Stadt« ermöglichte, für die Schwestern der Neuenburger Station ein neues Haus zu erstellen, was besonders dem damaligen Bürgermeister Karl Gaulrapp ein großes Anliegen war. 1959 wurde mit dem Bau des Schwesternhauses an der Breisacher Straße begonnen. Am 18. Januar 1960 konnten die Schwestern in das neue Heim einziehen.

Wie aus heiterem Himmel kündigte 1973 der Orden der Stadt den »Gestellungsvertrag« für die drei in Neuenburg am Rhein verbliebenen Schwestern aus »Altersgründen«, was in der Bürgerschaft großes Missfallen auslöste. Ehrenbürger Konstantin Schäfer und seine Frau Helene initiierten eine Unterschriftenaktion. In der Petition an den Orden schrieben Schäfers: »Von ihren weit über 80 Lebensjahren hat die treue Schwester allein 65 Jahre in Neuenburg in segensreicher Arbeit verbracht. Wir glauben, dass die Schwestern, die hier in enger Vertrautheit nach der schweren Zeit der völligen Zerstörung der Stadt im letzten Weltkrieg ihre ganze Kraft in den Wiederaufbau der städtischen Gemeinschaft gesetzt haben, nicht aus ihrer Verbundenheit gelöst werden sollten.«

Weder die Petition der Bevölkerung noch die vielfältigen Bemühungen des damaligen Bürgermeisters Max Schweinlin fanden bei der Generaloberin Schwester Raimunda Graf von der Kongregation der Barmherzigen Schwestern Gehör. Die drei letzten Schwestern, Adelberga, Ladislaus und Eurosia, wurden 1974 von Neuenburg am Rhein abgezogen.

Zwei Jahre später, am 16. März 1976, verstarb die letzte Oberin des Neuenburger Spitals, Schwester Adelberga, im Alter von 90 Jahren. Bürgermeister Max Schweinlin bei der Trauerfeier auf dem Schwesternfriedhof: »Ihr Dienen war nicht von Macht- oder Gewinnstreben begleitet. Die Verstorbene hat allein aus christlicher Verantwortung heraus gehandelt und damit ein leuchtendes Beispiel praktizierender Nächstenliebe geliefert. Ihr Leben lehrt uns: Wir sollten uns menschenfreundlichere Lebensziele stecken und im rechten Augenblick helfende Hände bereit und mitfühlende Herzen offenhalten.«

Auch nachdem die Schwestern Neuenburg verlassen mussten, pflegte die Stadt den Kontakt zu den Schwestern. Zum Jahresende 1981 schrieb Schwester Eurosia aus Bonndorf, wo sie nach dem Abzug von Neuenburg am Rhein im Krankenhaus zum Einsatz kam: »Ein herzliches vergelts Gott für das Weihnachtsgeschenk von Neuenburg. [...] Ich bin den ganzen Tag an der Arbeit, bin immer auf den Füßen. Bin jetzt doch schon 73 Jahre alt. Da wird man müde.«

Stadtpfarrer Daniel Danner

Was vor Jahrzehnten noch in vielen Familien zu finden war, ist die in der Herderschen Verlagsbuchhandlung in Freiburg erschienene »Christkatholische Hauspostille«, die in unserer Zeit völlig verschwunden ist. Dass ein Exemplar der »Neuen, verbesserten Volksausgabe« von 1898 erhalten blieb, ist der Aufmerksamkeit der Familie Rosemarie und Arno Wolf zu danken. Das verschlissene Buch trägt die Widmung: »Zum Andenken von Stadtpfarrer Daniel Danner von Neuenburg, 1900«. Das Buch, das Daniel Danner 1900 einer Neuenburger Familie gewidmet hat, erinnert an eine Zeit, die wir uns heute nicht mehr vorstellen können. Von eigentlichem Interesse ist aber die Frage nach Stadtpfarrer Daniel Danner (1823–1900), der, längst vergessen, zum Wohle der Stadt und ihrer Bürger segensreich gewirkt hat.

Bevor Daniel Danner 1891 zunächst als Pfarrverweser nach Neuenburg am Rhein kam, war er Pfarrer am Fridolinsmünster in Säckingen. Dort lernte er um 1878 Pfarrer Karl Rollfuß kennen. Eine Begegnung, die zur Gründung des St. Josefshauses in Herten führte. Das St. Josefshaus gehört zu den frühesten Behindertenhilfe-Einrichtungen der Region und zu den größten in Südbaden. Mit dem Daniel-Danner-Haus wird in der Einrichtung in Herten an den Mitinitiator, Stadtpfarrer Daniel Danner, erinnert. Um das

Stadtpfarrer Daniel Danner.

Andenken an Daniel Danner als einen der Mitbegründer zu ehren, hat das St. Josefshaus am 4. Mai 1898 beschlossen, »es soll, so lange die Anstalt besteht, ein Kind aus Neuenburg (dem letzten Wirkungsort Danners) und abwechselnd ein Kind aus Münsingen (seinem Geburtsort) unentgeltlich aufgenommen werden«. Rollfuß und Danner arbeiteten vorzüglich zusammen. Karl Rollfuß, so wird berichtet, war »der feurige Antreiber und Bettler«, Daniel Danner der »umsichtige Rechner«. Im Juni 1878 wurde die Einrichtung in Herten von den beiden Geistlichen »in aller Stille« in Betrieb genommen.

Daniel Danner war bereits 70 Jahre alt, als er 1893 als Stadtpfarrer in Neuenburg am Rhein eingesetzt wurde. Danner war erst kurze Zeit in Neuenburg, als er sich mit der Errichtung einer »Kleinkinderanstalt« beschäftigte. Inspiriert von den Gedanken des Pädagogen Friedrich Fröbel, einem Schüler von Pestalozzi, der 1837 in einem kleinen Ort in Thüringen den »ersten Kindergarten« gründete, dem die Stiftung der »Allgemeinen deutschen Kindergärten« am 28. Juni 1840 folgte.

Daniel Danners Neuenburger Einrichtung besuchten zunächst 70 Kinder. Sie war in einem Zimmer untergebracht und war schon bald zu klein. Danner wollte des-

halb bereits 1895 einen Neubau, den er auf dem Platz gegenüber dem »St.-Jacobus-Kaplaneihaus« (heute ehemalige Kaplanei an der Breisacher Straße) ausmachte. »Es wird eine gemeinnützige Anstalt dauernd gegründet und den Familien, die mit Kindern gesegnet sind, eine große Wohltat erwiesen«, so Daniel Danner. Die Stadt stellte das Baugrundstück zur Verfügung und die »Kleinkinderschule« konnte »mit persönlichen Opfern und finanziellen Mitteln von Daniel Danner« gebaut werden. Der nun über 75-jährige unermüdliche und eifrige Stadtpfarrer legte seine Hände nicht in den Schoß. Im September 1899 präsentierte er die Baupläne für ein »Schwesternhaus«, das er an der heutigen Friedhofstraße baute, das aber durch seinen Tod nicht mehr in Betrieb gehen konnte. Eine weitere Einrichtung für die Ausbildung junger Frauen, die Danner plante, kam nicht mehr zur Ausführung.
Am 28. September 1900 starb Daniel Danner plötzlich. Das »Totenbuch« berichtet: »Am Freitag, Mittag 11 ½ Uhr, durchdrang die Kunde die Stadt, dass Hochw. Herr Stadtpfarrer Daniel Danner gestorben ist. Seinem Wunsche gemäß wurde er mit bischöfl. Amtlicher Erlaubnis im Chor der Kirche beerdigt.«
Danners Kindergarten wurde 1940 mit der Stadt zerstört. Nur das Altarkreuz aus der 1940 ausgebrannten Kirche Mariä Himmelfahrt, heute Vortragekreuz der Liebfrauenkirche, erinnert mit einer kleinen Gedenkplakette auf der Rückseite an den heute vergessenen Wohltäter der Stadt.

Ölgemälde des Neuenburger Malers Otto Rümmele

Nicht nur durch die Corona-Pandemie ist die Stammtisch-Tradition in den Gasthäusern weitgehend ausgestorben. In der alten »Eintracht«, dem Bierhaus, wurde der Stammtisch besonders gepflegt. Legendär ist die letzte Wirtin der »Eintracht«, Olga Linsenboll, eine Tochter des Altbürgermeisters Eduard Linsenboll, der über der Wirtschaft wohnend schon mal auf den Holzboden klopfte, wenn in der Gaststube über die Polizeistunde hinaus ausgeschenkt wurde.

An diese Stammtisch-Tradition im Bierhaus der Neuenburger Brauerei Müller erinnert das Bild »D'r alte Bierwirt und sein Freund« von Otto Rümmele. Wir können nur vermuten, über was sich die beiden Stammtischbrüder unterhalten. Grimmig schaut der Bierwirt Müller in seinen Bierkrug, während sein Freund murrend und schimpfend auf ihn einredet. Das Bild des Neuenburger Malers Otto Rümmele hat eine in Lörrach wohnende Urenkelin des Bierwirts dem Museum für Stadtgeschichte in Neuenburg am Rhein geschenkt.

»Der alte Bierwirt und sein Freund.« Ölgemälde von Otto Rümmele.

Otto Rümmele wurde 1875 in Bad Säckingen geboren. Nach seiner Malerlehre führten ihn Wanderjahre in die Schweiz und ins Saarland. 1900 und 1901 besuchte er die Malerakademie in München. Anschließend kam er nach Neuenburg am Rhein, wo er im April 1902 die im Gasthaus »Zu den zwei Schlüsseln« tätige Anna Grozinger heiratete. Da seine Kunstmalerei nicht ausreichte, um seine Familie zu ernähren, gründete er als Handwerksmeister in Neuenburg am Rhein ein Malergeschäft. Seiner eigentlichen Berufung, der Kunstmalerei, blieb er aber weiterhin verbunden. Die Führung des Malergeschäftes übernahm später sein Sohn Otto, damit sich der Senior weitgehend der Kunstmalerei widmen konnte. Otto Rümmele jun. musste, wie seine jungen Malergesellen, im Zweiten Weltkrieg als Soldat einrücken. Er kam nicht wieder nach Hause. Mit der zerstörten Stadt erlosch auch das Malergeschäft Rümmele.

Von Otto Rümmele besitzt das Museum für Stadtgeschichte eine westliche Stadtansicht von Neuenburg am Rhein, die vor der Zerstörung entstanden ist, und ein Bild des heiligen Fridolin, des Neuenburger Stadtpatrons, das Rümmele für die Notkirche am Altrhein gemalt hat. Auch von seinen Postkarten, die er im Selbstverlag herausbrachte, sind einige Exemplare im Stadtarchiv erhalten. Mit der Zerstörung seines Hauses 1940 sind leider auch ältere Arbeiten des Künstlers vernichtet worden. Im April 1956 ist Otto

Rümmele in seinem wiederaufgebauten Haus an der Johanniterstraße verstorben. Sein letztes Werk, die Kopie eines Marienbildes, das für die neue Liebfrauenkirche gedacht war, blieb leider unvollendet.

1996 hat Reiner Maria Fangmeier eine Ausstellung mit 38 Bildern von Otto Rümmele, die zwischen 1900 und 1956 entstanden sind, organisiert. »Otto Rümmele hat als Maler nicht sonderlich experimentiert. Die modernen Strömungen bedeutender Kunstrichtungen seiner Zeit haben ihn nicht beeinflusst und wohl auch nicht irritiert. Er blieb zeitlebens seinem Realismus treu«, sagte der Neuenburger Kunsthistoriker Dr. Hans Jakob Wörner bei der Ausstellungseröffnung im Museum für Stadtgeschichte.

Der Stammtisch in der »Eintracht« hat den jungen Maler für sein Bild »D'r alte Bierwirt und sein Freund« inspiriert. Beleuchten wir deshalb kurz die Geschichte des Gasthauses. 1857, etwas mehr als 140 Jahre nach dem Wiederaufbau der im Spanischen Erbfolgekrieg völlig zerstörten Stadt, waren in Neuenburg am Rhein wieder 240 Familien wohnhaft. Am 3. Oktober 1857 wurde dem Gemeinderat »eröffnet«, dass der Bierbrauer Baptist Müller um die Erlaubnis »zum Betrieb einer Bierbrauerei« nachgesucht hat. In seiner Stellungnahme zu Müllers Antrag teilte der Gemeinderat dem Bezirksamt

Der heilige Fridolin , Stadtpatron von Neuenburg am Rhein. Bild von Otto Rümmele für die Notkirche.

seine Bedenken zum Vorhaben Müllers mit. Die Gemeinde habe sieben Wirtschaften. Davon würden sechs betrieben, »Löwen«, »Kreuz«, »Hirschen«, »Schlüssel«, »Ochsen« und »Salmen«. Der Gemeinderat hielt es deshalb nicht für erforderlich, dass eine weitere Wirtschaft eröffnet wird, obwohl, wie er in seiner Stellungnahme anmerkt, »die Stadt wegen der Rheinfahrt stark von Fremden besucht wird«. Man habe aber keine Einwendungen, »wenn eine Bierbrauerei errichtet wird«.

Ungeachtet der Stellungnahme des Neuenburger Rats erteilte 1858 das »Großh. Ministerium des Innern« dem Antragsteller die Genehmigung »zum Ausschank seiner selbstgebrauten Biere«. 1891 ging die Erlaubnis zum Betrieb einer Schankwirtschaft auf Wilhelm August Müller über und am 10. Januar 1901 zeigte Adolf Müller dem Gemeinderat an, »dass er die Wirtschaft zur Eintracht« übernommen hatte.

Das »Gasthaus zur Eintracht« blieb bei der Zerstörung Neuenburgs im Juni 1940 weitgehend verschont. Die Wirtsstube diente der Gemeinde nun als Schulsaal. Als die damalige Wirtin, Olga Linsenboll, geborene Müller und Ehefrau des Bürgermeisters Eduard Linsenboll (1928–1945) am 12. August 1948 die »Gastwirtschaft zur Eintracht« wiedereröffnete, schrieb sie: »Bedingt durch die Kriegseinwirkungen ist es mir nur möglich, den Schankbetrieb im ehemaligen Nebenzimmer in beschränktem Umfang auszuführen.«

Mit dem Verkauf des Anwesens im Jahre 1970 ging eine lange Wirtshaus-Tradition im »Gasthaus zur Eintracht« zu Ende.

Heribert von Münchhausen

Die in Neuenburg am Rhein zugezogenen Eheleute Gisela und Walter Kötter haben dem Museum für Stadtgeschichte in Neuenburg am Rhein ein Ölgemälde des Malers Heribert Freiherr von Münchhausen geschenkt. Das Bild zeigt den noch unbebauten östlichen Stadtrand Neuenburgs, im Bereich der Freiburger Straße, mit Blick zum Markgräfler Hausberg, dem Blauen, in den 1950er-Jahren.

Neuenburg am Rhein war noch weitgehend vom Krieg gezeichnet. Bürger, deren Häuser in Trümmer lagen, wohnten in vom Reichsarbeitsdienst errichteten Baracken. Nur langsam und bescheiden begann der 1940 von der Reichsregierung großspurig angekündigte Wiederaufbau. Eine Hauptsorge der Stadt galt neben dem Wohnungsbau für die ausgebombte Bevölkerung der Ansiedlung von Gewerbe und Industrie. Manchen betrügerischen Versprechungen ist der Gemeinderat dabei »auf den Leim« gegangen.

In dieser Zeit kamen auch die Eheleute Cläre und Heribert von Münchhausen nach Neuenburg am Rhein und mieteten in der Barackensiedlung beim »Wuhr-

Neuenburg am Rhein, Blick zum Blauen. Ölgemälde des Malers Heribert Freiherr von Münchhausen.

loch« eine Baracke, in der sie neben ihrer Wohnung eine kleine Holzspielwarenfabrikation einrichteten. Heribert von Münchhausen integrierte sich sehr schnell in Neuenburg am Rhein. Schon 1955 finden wir ihn auf einer Fotografie im Stadtarchiv, die ihn als Elferrat bei der Fasnachtsproklamation zeigt.

Leider waren die Zeitläufte nicht so, dass der Freiherr von Münchhausen, er stammte aus der Familie des berühmten »Lügenbarons«, und seine Ehefrau von der Holzspielwarenfabrikation leben konnten. Der Betrieb ging binnen kurzer Zeit ein. In dieser Zeit entstand das dem Museum für Stadtgeschichte geschenkte Bild des Künstlers Heribert von Münchhausen, der wie seine Ehefrau Cläre ein begabter Maler war.

In ihrer Heimat in Schlesien waren beide sehr erfolgreich. Krieg, Leben unter Fremdherrschaft, Vertreibung und Lagerleben beendeten das erfolgreiche Künstlerleben. Heribert von Münchhausen versuchte es nun zunächst als Fahrlehrer. Auch hier war ihm kein Glück beschieden. Es wird vermutet, dass in der Region etablierte »Geschäftskollegen«, die in Neuenburg am Rhein kein Konkurrenzunternehmen wollten, »am Rad gedreht« haben. In vielen Begegnungen hat mir Heribert von Münchhausen, in dessen Fahrschule ich noch meinen Führerschein machen konnte, die Lebensgeschichte seiner Familie erzählt.

In Ottenheim, wo die von Münchhausens später Wohnsitz nahmen, begann für sie eine neue erfolgreiche »Schaffensperiode, in der viele ihrer Gemälde« entstanden. Heribert und Cläre von Münchhausen malten gegenständlich. Die Natur in allen Jahreszeiten war ein beliebtes Motiv des Künstlerehepaares. Schneeschmelze bei Freudenstadt, Abendstimmung im Hochschwarzwald, Frühling im Rheinwald, Morgenstimmung am Altrhein finden wir im Gesamtwerk der beiden Künstler.
1987 verstarb Heribert von Münchhausen. 1991 starb Cläre von Münchhausen. In Neuenburg am Rhein, wo sie heute vergessen sind, erinnert das Bild »Neuenburg am Rhein« im Museum für Stadtgeschichte an das Künstlerehepaar.

Zwei Basler Standesscheiben im Museum für Stadtgeschichte

Zwei Basler Standesscheiben, »Maria dat. 1519« (die Gottesmutter ist die Patronin der Neuenburger Stadtpfarrkirche, das Patronatsfest ist Mariä Himmelfahrt am 15. August) und eine Glasmalerei mit dem Bild des heiligen Christophorus sind ein Geschenk einer Familie aus dem benachbarten Schliengen an die Liebfrauenkirche in Neuenburg am Rhein mit dem Wunsch der Stifter, dass die beiden Standesscheiben im öffentlichen Raum zugänglich gemacht werden.

Das Historische Museum in Basel ist im Besitz einer identischen Marienscheibe, die in der Basler Sammlung ausgestellt ist. Der Museumsführer informiert hierzu: »Die Basler Glasmalerei der Frührenaissance verdankt Hans Holbein d. J. starke und nachhaltige Impulse, zumal dessen als vorbildlich geltende Scheibenrisse im 16. Jahrhundert von Basler Künstlern rege kopiert wurden. Die Basler Standesscheibe mit der Madonna atmet in Komposition, Zeichnung und Kolorit den Einfluss des seit 1519 in Basel ansässigen Meisters. Zahlreiche Motive, wie die kräftig gegliederten Säulen, der

Standes-scheibe im Museum für Stadtgeschichte (Basel, 1519). Hans Holbein d. J. (Maria, Patronin der Neuenburger Kirche).

ihnen entwachsene Blattbogen, die zwischen Blüten und Blättern tollenden nackten Knaben sowie das Baselschild finden im gleichzeitigen Werk Holbeins Parallelen. Die Himmelskönigin mit göttlichem Sohn steht der Braunschweiger ›Madonna in der Nische‹ von 1520 nahe.«

Eine Scheibe mit dem Bild des heiligen Christophorus konnte in Basel bislang nicht gefunden werden.

Die Stadt Basel war ein bedeutendes Zentrum der Kabinettglasmalerei. Das Historische Museum in Basel zählt seinen Bestand an Glasmalereien zu den wichtigsten Sammlungsgebieten des Museums. Viele Originalscheibenrisse werden im Kupferstichkabinett im Kunstmuseum in Basel verwahrt. Zur Kundschaft der Basler Glasmaler gehörte auch die mit Basel vielfach verbundene Zähringergründung Neuenburg am Rhein. Leider sind die für Neuenburg am Rhein geschaffenen Scheiben, wie nahezu alles aus der mittelalterlichen Stadt, Kriegszerstörungen und Rheinhochwassern zum Opfer gefallen.

Anlässlich einer Arbeit zum historischen Neuenburger Stadtwappen von 1261 konnte im Kupferstichkabinett des Kunstmuseums Basel das Original eines Scheibenrisses gefunden werden, den der Basler Künstler Hieronymus Vischer im Jahre 1606 im Auftrag der Neuenburger Zunft »Zum Riesen« für deren Zunftstube geschaffen hat. Lange Zeit wurde dieser Scheibenriss in verschiedenen Veröffentlichungen über Basler Glasmalereien irrtümlich der Stadt Luzern »oder einem anderen Ort der Luzerner Herrschaft« zugeordnet. Eine Kopie des Scheibenrisses von Vischer und eine Reproduktion der verlorenen Neuenburger Scheibe von 1606 ist im Museum für Stadtgeschichte zu sehen. Die Forschung des Neuenburger Stadtarchivs zum Scheibenriss des Hieronymus Vischer von 1606 für die Zunft »Zum Riesen« hat im Ausstellungskatalog zur Basler Ausstellung »Lichtgestalten im Kunstmuseum« ihren Niederschlag gefunden.

Das Ende des Handwerker-Stammtisches im »Weißen Kreuz«

Mit der Schließung des Gasthauses »Weißes Kreuz« hat auch ein alter Stammtisch sein Ende gefunden. Die Wirtin des Hauses, Brigitte Weber, hat dem Stadtarchiv Neuenburg am Rhein die von dem Neuenburger Kalligrafen Andreas Blust gefertigte Erinnerungstafel des 1960 gegründeten »Handwerker Stammtisch« geschenkt. Die aus dem Jahre 2008 stammende Tafel mit 30 Neuenburger Namen aus Handwerk und Gewerbe ist auch ein Stück Stadtgeschichte. Von Alex Schreiber bis Walter Weber sind die Mitglieder des Stammtisches »Sag die Wahrheit« vertreten. Rudi Weber, Zunftmeister der Narrenzunft, Paul Hauser, Gründer der Neuenburger Firma Koruma, die Handwerksmeister und Betriebsinhaber Adolf David, Eduard Buck, Gusti Spindler, Otto Kößler, Horst Ziel, Konrad Sänger, um nur einige zu nennen, finden wir auf der Ehrentafel. Zu ihnen gesellte sich der Hüter der Stadtfinanzen, Stadtrechner Rudi Saurer.

Zunftscheibe für die »Zunft zum Riesen«. Hieronymus Vischer, Basler Glasmaler (1564–1631).

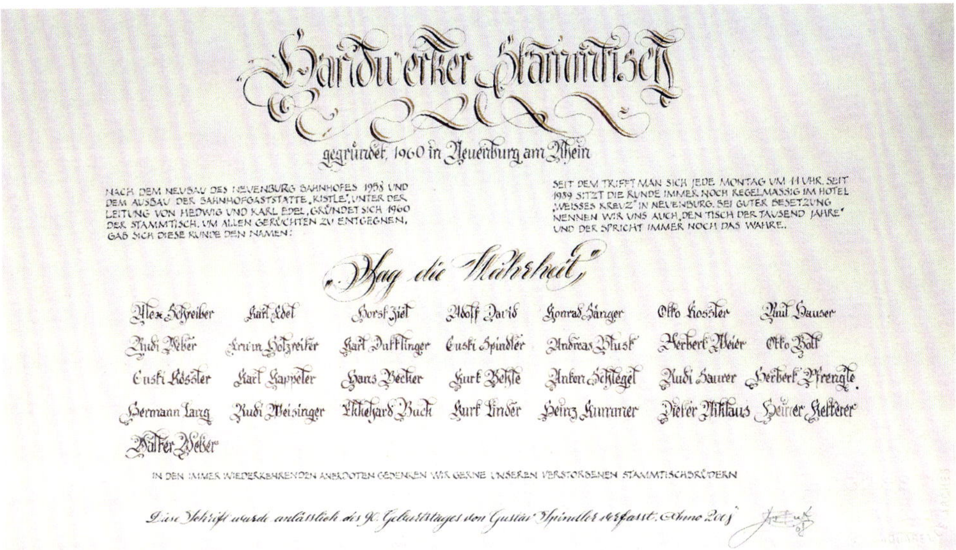

Erinnerungstafel des Neuenburger Handwerker-Stammtisches im »Weißen Kreuz«.

Nach dem Neubau des kriegszerstörten Bahnhofs 1958 und dem Bau der Bahnhofgaststätte »Kistle« gründete sich 1960 der Stammtisch. Seit dem Jahre 1989 traf sich die Stammtischrunde immer montags um elf Uhr im Gasthaus »Weißes Kreuz«.

Bis zur Aufhebung der Zünfte zwischen 1793 und 1868 waren die Handwerker in Neuenburg am Rhein in den drei Zünften zum »Ochsenstein«, zur »Rose« und zum »Riesen« organisiert. Im Jahre 1737 wurde als vierte Zunft die »Zunft zum Rebstock« gegründet. Neben »gegenseitiger Hilfe gehörten »religiöse, gesellige, privatrechtliche und politische Ziele« zu ihren Aufgaben. Einen besonderen Stellenwert nahm bei den Zünften der Stadt die »Fronleichnamsprozession« ein. Sie war alljährlich ein Höhepunkt im kirchlichen Leben Neuenburgs. Bei der Prozession präsentierten sich die Zünfte in besonderer Weise, wie die erhaltenen Zunftstangen im Museum für Stadtgeschichte berichten. Leider sind die drei historischen Zunftfahnen beim Brand des Museums untergegangen.

Einen besonderen Stellenwert hatte aber auch das gesellige Beisammensein der Zunftgenossen in einer ihrer Trinkstuben. Der Ausstellungskatalog des Kunstmuseums Basel berichtet zum Neuenburger Scheibenriss im Kupferstichkabinett des Kunstmuseums Basel: »In der zwischen Freiburg i. Br. und Basel gelegenen Stadt am Rhein herrschen drei Sammelzünfte, von denen die Zunft zum Riesen unter anderem die Handwerker der Schmiede, Wagner, Seiler und Zimmerleute in sich vereinte. Entsprechend ist die rahmende Architektur in der Zeichnung praktisch vollständig mit Wappen bedeckt, die wohl die damals aktuellen Zunftmeister repräsentieren. Im Oberteil, die ganze Breite des Blattes einnehmend, ist ein Zunftmahl dargestellt. Zwölf Personen sitzen an einer reich gedeckten Tafel, der Mundschenk bedient die Runde, weitere Speisen werden hereingetragen. Eine Person ist sogar namentlich bezeichnet (Cunrad Schmidt). Tatsächlich war das Festmahl der Vorstände ein wichtiger Anlass im gesellschaftlichen Leben. Solche Darstellungen aus Alltag und Arbeitsleben sind von großem kulturhistorischen Wert.«

Über 60 Jahre war das Gasthaus »Weißes Kreuz« der Tagungsort des Handwerkerstammtisches. Das Gasthaus gehörte neben dem »Salmen« und der »Krone« zu den historischen Gasthäusern Neuenburgs. Das »Weiße Kreuz« wird bereits vor dem Untergang der mittelalterlichen Zähringergründung 1675 und 1704 urkundlich erwähnt. Mit der Stadt wurde auch das Gasthaus im Jahr 1704 völlig zerstört. Das Gebäude wurde nach dem Frieden zu Rastatt am 7. März 1714, der den Spanischen Erbfolgekrieg beendete, wieder aufgebaut. Kreuzwirt war 1835 der Altbürgermeister Xaver Schmidt. 1853 kaufte Jakob Saurer das »Realwirthschaftsrecht« des Gasthauses »Weißes Kreuz« und verlegte das Gasthaus in sein Anwesen an der Schlüsselstraße. Im Juni 1940 fiel das Gasthaus mit der Stadt im Granatregen der Franzosen, der über der Stadt niederging, erneut in Schutt und Asche. In den 1950er-Jahren wurde das »Weiße Kreuz« von der letzten Eigentümerfamilie, der Kreuzwirtin Maria Saurer und ihrer Tochter Johanna Weber, wieder aufgebaut.

Die Zerstörung der Kirche Mariä Himmelfahrt

Wilhelm Studer, ein Bruder meines Großvaters, notierte in seinem Kriegstagebuch: »Es ist Sonntag, der 26. Mai 1940, 16.30 Uhr, da plötzlich ein dumpfer Knall, ein Sausen durch die Luft und dann ein fürchterliches Krachen. Über uns platzt die erste französische Granate. In der Nacht vom 10. auf den 11. Juni 1940 wurde die Stadt in Schutt und Asche geschossen. Über 3000 Granaten haben unsere Stadt in einen Trümmerhaufen verwandelt. Es brannte in der ganzen Stadt. Weithin leuchtete das verheerende Feuer in den Nachthimmel.«

Am Mittwoch, dem 12. Juni 1940, gegen 17 Uhr, brach in der »unter großen finanziellen Opfern« im Jahr 1886 erbauten Kirche Mariä Himmelfahrt Feuer aus. Der Glockenturm leuchtete wie eine riesige Fackel weit hinaus in das Land, die Kirche brannte vollständig nieder. Gegen 20 Uhr blieb die Turmuhr stehen. Die Glocken schmolzen und stürzten vom Turm. Unter ihnen die älteste Glocke Badens, die über alle Jahrhunderte gerettete »Glockenpatriarchin«, gegossen im

Den Zweiten Weltkrieg überlebt: kriegsgeschädigter Kruzifixus von Neuenburg aus dem Jahre 1527. »Wahrzeichen der Zerstörung der Stadt.«

Untergang mit der Stadt im Juni 1940: die zerstörte Kirche Mariä Himmelfahrt.

Jahre 1200. »Im Jahre 1200, König der Herrlichkeit, komme in Frieden« war ihr Leitspruch.

Tage und Nächte brannte die Stadt, übrig blieben Zerstörung, Verwüstung, Berge von Schutt und Asche und die Trümmerhaufen der zerbombten Häuser. Inmitten der Trümmer, wie ein »mahnender Fingerzeig Gottes«, die Ruinen der ausgebrannten Kirche Mariä Himmelfahrt. Ein Journalist der »Stuttgarter Zeitung«, der die Ruinenstadt besuchte, schrieb: »Der Menschheit ganzer Jammer fasst den Betrachter dieses Bildes sinnloser Zerstörung und Verwirrung an. Ein verletzter Kruzifixus ist ein Spiegel der Zerrissenheit unserer Zeit und unseres Seelenlebens.« Das Kreuz ist heute Mittelpunkt eines Denkmals auf dem Franziskanerplatz.

Viele Neuenburger wohnten noch in einer der für die obdachlose Bevölkerung errichteten Barackensiedlungen, als am 12. Mai 1952 mit dem »Ersten Spatenstich« der Wiederaufbau der Stadtpfarrkirche begann. Dank der freiwilligen Arbeitsleistung der Bürgerschaft, des Stadtpfarrers Johannes Schmid und des Bürgermeisters Rudolf Raeck konnte bereits zwei Monate später der Grundstein der neuen Kirche gelegt werden. Am 27. Mai 1954 wurde die Kirche, die zur Erinnerung an das im 16. Jahrhundert vom Rhein zerstörte Münster »Unserer Lieben Frau« den Namen Liebfrauenkirche erhielt, geweiht.

Die Stuttgarter Zeitung berichtet: »Gleichsam um die alte Monstranz aus dem vom Rhein zerstörten Münster entstand als neues Wahrzeichen Neuenburgs die neue Liebfrauenkirche auf dem Platz vor der zerstörten Mariä Himmelfahrtskirche. Die Nazigewaltigen hatten die Mauern der 1940 ausgebrannten Kirche und den noch festen Turm gesprengt und die Trümmer abgetragen. Sie wollten keine Kirche mehr als Mittelpunkt der Stadt. Sie wurde es doch wieder. Ein sakraler Bau entstand, als hohe Halle gläubiger Geborgenheit mit einem feierlichen Chorraum, dessen Stirnwand ein Mosaik der Marienkrönung schmückt. Im Turm dieser Kirche ist Neuenburg wieder vorhanden. Der Turm nimmt die Stadt in seine Hut und hebt sie empor am Hochgestade des Rheins. Seinen Bau, gestaltet in Ehrfurcht vor dem kulturellen Erbe des Oberrheins, begriffen die Neuenburger als ihre Aufgabe.«

Wie Hedwig Brück als Kind den Krieg erlebte

Zu schönen Erinnerungen an die Zeit meiner Tätigkeit im Stadtarchiv unserer Stadt, die Ende 2022 endete, gehört es, wenn mich ältere Mitbürgerinnen und Mitbürger besuchten und mir von ihren Erlebnissen und Erfahrungen während ihres langen Lebens in der Stadt berichteten. Es war im Mai 2019, als mich Hedwig Brück, geborene Grumber, besuchte und mir ein kleines Büchlein mit dem Titel »Wie ich als Kind den Krieg erlebte« schenkte. Entschieden lehnte sie meinen Vorschlag ab, über ihre Erinnerungen in ihrer Kindheit und Jugendjahren in der Serie »Historisches Schaufenster« der »Badischen Zeitung« zu berichten. Ihr Büchlein, so Hedwig Brück, habe sie nur für ihre Familie und ihre Freunde geschrieben.

Ihre erste Erinnerung an den Kriegsbeginn hatte sie mit vier Jahren, als an einem Sonntag im September 1939 die Eisenbahnbrücke gesprengt wurde. Schon wenige Tage danach »wurde ich mit meiner Mutter und meinen Großeltern in einem Viehtransportzug nach Konstanz verfrachtet«. Dort wurde sie zunächst zusammen mit weiteren Neuenburgern, die evakuiert worden waren, im Keller eines Hotels untergebracht. In Erinnerung ist ihr geblieben, dass es am anderen Tag eine »ekelhaft schmeckende Kartoffelsuppe gab«.

Hedwig Brück, Erinnerungen an die Kriegsjahre.

Kurz vor Weihnachten durften die Neuenburger wieder zurück in ihre Heimat. »Aber die Ruhe sollte nicht lange währen. Es war im Mai 1940, als Neuenburg wieder unter heftigen Beschuss kam und die Bevölkerung ihre Stadt erneut verlassen musste.« In Eile wurde das Nötigste auf einen Dielenwagen gepackt, Kühe an den Wagen gespannt und es »ging hinaus in eine ungewisse Zukunft«. Ihrer Familie wurde nun Sulzburg als Unterkunft zugewiesen. Hedwig Brück schreibt: »Ich weiß noch, wie wir und andere Familien aus Neuenburg in einer Halle, die mit Stroh ausgelegt war, versammelt wurden.«

Im Juni 1940 erlebte Neuenburg als eine der ersten deutschen Städte »einen verheerenden Beschuss«. Überall fing es an zu brennen. Die ganze Stadt war in Flammen. »Wir mussten aus der Ferne zusehen, wie unser Hab und Gut unterging.« Ende Juni durften die Neuenburger wieder zurückkehren. »Zwei Kühe und den Dielenwagen mit wenigen Gerätschaften haben wir noch besessen.« Fassungslos standen sie vor den Trümmern ihrer Häuser. Nach einiger Zeit bekamen die Obdachlosen eine der vom Arbeitsdienst errichteten Baracken, die in drei Lagern erstellt worden waren, zugewiesen. Hedwig Brück berichtet: »Unsere Toiletten lagen einige Meter von den Wohnbaracken entfernt. Es waren zehn Plumpsklos.« Für die älteren Menschen war es besonders in der Nacht und im Winter »fast unmöglich«, den Weg zu den Toiletten zu finden. Im größeren der Barackenlager gab es eine Gaststätte, eine Bäckerei und einen Gemischtwarenladen. »Die Regale waren meistens leer und es gab fast nichts zu kaufen.«

Nach vier Jahren in den Baracken gab es erneut »viel Fliegeralarm«. Vor den Bomben brachten sich die Menschen wo immer möglich in Sicherheit. Während deutsche Truppen auf dem Rückzug aus Frankreich die unter starkem Beschuss liegende Eisenbahnbrücke passierten, wurden die Neuenburger erneut evakuiert. Wie im Jahre 1940 machen sie sich auf den Weg in ihre »Evakuierungsorte, Sulzburg, Laufen, Britzingen usw.« Die Familie von Hedwig Brück wurde erneut in Sulzburg untergebracht. Dankbar vermerkt Hedwig Brück, dass sie bei der Gastfamilie Hochstatter, wie bereits 1940, unterkamen. Bei der Familie Hochstatter fanden nun 17 Personen eine Unterkunft. Während des Krieges gab es in Neuenburg am Rhein trotz der heftigen Beschießungen keine Opfer aus der Zivilbevölkerung. Nur ein Kriegstoter war zu beklagen, der junge Werner Spielmann, der in Sulzburg, in der Nähe des Stadttores, gefallen ist.

»Der Krieg war für uns Ende April 1945 zu Ende. Neuenburger befanden sich immer noch in Sulzburg, als die Franzosen einmarschierten.« Sie durften nun endlich wieder zurück in ihre Heimat. »Der Krieg war vorbei. Es gab keine Bomben mehr, aber das Leben war nicht einfach. Der Unterricht in der Volksschule wurde wieder aufgenommen, die Kinder wurden mit der »Schülerspeisung« versorgt.

Endlich konnte man wieder mit dem Bau eines Hauses beginnen. Hedwig Brück berichtet: »Es war eine schlechte Zeit, es gab nichts. Meine Eltern mussten schauen, wo sie die Bausteine und alles andere Material herbekamen. Es wurden alte Steine herbeigebracht. Großvater und ich putzten die Steine. Ich war nun elf Jahre alt. Für die Ziegel mussten meine Eltern in einer Ziegelei in Kandern arbeiten. Der Keller des Hauses musste von Hand ausgehoben werden.« Im Jahre 1948 konnte die Familie endlich in ihr neues Haus an der Schulgasse einziehen. Der Vater, der »sehr viel und schwer am Hausbau gearbeitet hatte«, verstarb leider im März 1948 im Alter von 41 Jahren an Herzversagen. Mit einer kleinen Rente von 75 Mark musste die Familie über die Runden kommen. Mit einer kleinen Landwirtschaft konnte »noch etwas dazuverdient« werden.

»Ich war 14 Jahre alt, als mein Vater starb.« Hedwig wurde nun Verkäuferin in Hedi Studers Gemischtwarenladen in Neuenburg. Es kamen die Jugendjahre. Nach dem Krieg war uns fast nichts geblieben. »Wir waren sehr arm, aber trotzdem war es eine schöne Zeit.« Hedwig Brück schließt ihre Erinnerungen: »Wir haben in dieser Zeit noch auf die Eltern gehört. Wenn ein Fest war, gingen wir zum Tanz, wir haben Theater gespielt und haben viel gesungen«.

Werner O. Feißt in Neuenburg am Rhein

»Der Zufall spielt eine Rolle …«, schreibt Werner O. Feißt in seinen Erinnerungen, wie es zur Begegnung mit Neuenburg am Rhein kam, das ihm zum regelmäßigen »Stützpunkt« auf den Fahrten zu Kathrin Rüegg ins Tessin wurde, wo die beliebten Sendungen des SWR, »Was die Großmutter noch wusste«, in Rüeggs Rustico im Valle Verzasca meistens vorbereitet wurden.

»Ein Verlag plante einen Führer durch das Markgräflerland. Ich sollte ihn schreiben, was ich auch getan habe. Zur Vorbereitung habe ich bei den Gemeinden des Gebietes nachgefragt, schriftlich, wie es sich gehört, nach neuen Daten über Einwohner, Wirtschaft, Tourismus, Verkehr. Manche haben mir gar nicht geantwortet, das waren dann die, die nach dem Erscheinen des Buches klagten, die Daten seien nicht aktuell. Unter denen, die mir zurückschrieben (es war der Ratsschreiber der Stadt) fiel die Stadt Neuenburg am Rhein auf: wirklich brauchbare neue Daten, Unterlagen aus der Geschichte des Ortes und die Einladung, das fertige Buch in Neuenburg am Rhein der Markgräfler Öffentlichkeit zu präsentieren. So geschah es. So kam ich zu Neuenburg am Rhein oder besser Neuenburg am Rhein kam zu mir.«

»Zwischenstopp« in Neuenburg am Rhein: Fernsehjournalist Werner O. Feißt mit Annemie Studer beim Backen nach Rezepten der Hirschenwirtin.

Der populäre Fernsehmoderator Werner O. Feißt wurde vor allem durch die TV-Serie »Was die Großmutter noch wusste«, die älteste Kochsendung des deutschen Fernsehens, bekannt. Eine Serie, die im alemannischen Raum Kultstatus erlangte. Die Sendung, die von Werner O. Feißt gemeinsam mit Kathrin Rüegg von 1982 bis 2006 moderiert wurde, stellte Rezepte und Kochkünste vor, die zunehmend in Vergessenheit gerieten. Nach dem überraschenden Tod von Werner O. Feißt im April 2006 in Basel wurde die Sendung nach 350 Folgen eingestellt. Zwei Sondersendungen »Was die Großmutter noch wusste« zum Tage- und Kochbuch der Hirschenwirtin Rosa Wenk wurden vom SWR in Neuenburg am Rhein produziert.

Das Tage- und Kochbuch der Hirschenwirtin Rosa Wenk aus den Jahren 1862 bis 1908 hatte sich in Privatbesitz über Jahrzehnte erhalten und auch die Zerstörung des »Hirschen« im Juni 1940 überlebt. »Das Tagebuch ist eine kulturgeschichtliche Quelle, vor allem für die Übergangszeit um 1870, als das Deutsche Reich entstand. An die Stelle von Gulden treten Mark und Pfennig, und es ereignet sich das erste Wirtschaftswunder der Deutschen. Es findet seinen Niederschlag auch im ›Hirschen‹. Die Speisefolgen werden im bescheidenen Rahmen anspruchsvoller, die Preise steigen«, schreibt Werner O. Feißt im Vorwort des 2001 erschienenen Buches »Das Beste aus der Küche der Neuenburger Hirschenwirtin Rosa Wenk«.

Auf Wusch von Werner O. Feißt hat Annemie Studer, die an dem Buch mitgewirkt hat, nach einem alten Rezept aus Rosa Wenks Tage- und Kochbuch die Neuenburger Schwarzbrottorte gebacken. In seinem Buch hat Werner O. Feißt das Rezept aus dem Original übernommen.

Der Neuenburger »Hirschen« war ein weit über die Stadt hinaus bekannter und renommierter Gasthof. Im »Hirschen« verkehrten Gäste aus dem ganzen Umland, von Basel bis Mülhausen. Im Jahre 1909 ist die Hirschenwirtin Rosa Wenk verstorben. Der »Hirschen« ging an den Sohn Emil und später an dessen Sohn Theodor Wenk. Der Zweite Weltkrieg brachte auch für den »Hirschen« das Ende. Im Juni 1940 fiel das Gasthaus in Schutt und Asche.

Wirtshausschild des 1940 zerstörten Gasthauses »Hirschen«.

Max Schweinlin wird 1965 Bürgermeister

Am 6. Dezember 1965 wurde Bürgermeister Max Schweinlin, der bei der Wahl am 24. Oktober 1965 zum Neuenburger Bürgermeister gewählt wurde, vereidigt und verpflichtet. Von den damals 1.750 Wahlberechtigten übten 1.535 ihr Wahlrecht aus. Max Schweinlin, der schon im ersten Wahlgang die meisten Stimmen erhielt, blieb im zweiten Wahlgang Sieger.

Sein Gelöbnis, »die Rechte der Stadt Neuenburg am Rhein gewissenhaft zu wahren und ihr Wohl und das ihrer Einwohner nach Kräften zu fördern«, war für Max Schweinlin keine Formsache. Während seiner gesamten Dienstzeit, die nach drei Wahlperioden mit dem Ende des Monats Mai 1991 endete, orientierte er sich vorbehaltlos an seinem öffentlich gegebenen Versprechen.

Als ihm während der Gemeindereform in Baden-Württemberg aus der Nachbarschaft ein für ihn persönlich lukratives Angebot gemacht wurde, lehnte er dies unter Hinweis auf sein Gelöbnis, der Stadt gewissenhaft zu dienen, entschieden ab. Der Diensteid des Bürgermeisters hat in Neuenburg am Rhein eine alte Tradition. Schon

Bürgermeister Max Schweinlin.

das aus dem Jahre 1616 stammende Eidbuch der Stadt Neuenburg am Rhein, das im Stadtarchiv verwahrt wird und das erstmals das Stadtwappen in den historischen Farben »in Rot den goldenen Schrägbalken« überliefert, beginnt mit des »burgermeisters und des rats eid«.

Am 31. Mai 1991 wurde Bürgermeister Max Schweinlin in einer auf seinen Wunsch klein gehaltenen Feierstunde vom Gemeinderat verabschiedet. Bürgermeisterstellvertreter Helmut Rueb stellte in den Mittelpunkt seiner Rede, in der er die großen Leistungen und Verdienste von Max Schweinlin für die Stadt Neuenburg am Rhein würdigte, den Satz eines Präsidenten des Gemeindetages Baden-Württemberg: »Wenn nicht alles trügt, ist ein guter Bürgermeister heute noch mehr denn je das beste Kapital, das eine Gemeinde haben kann.« Mit Fug und Recht könne er feststellen, dass die Bürger Neuenburgs bei der Bürgermeisterwahl am 24. Oktober 1965 mit der Wahl von Max Schweinlin einen solchen Mann an die Spitze der Stadt gestellt haben. In seiner Amtszeit von 1965 bis 1991 »hat die Stadt 124.878.970 DM mit einem Personalbestand von etwa 16 Prozent des Haushaltsvolumens investiert. Hierfür wurden lediglich 3,5 Millionen DM an Darlehen aufgenommen. Am Ende seiner Amtszeit stehen den Rücklagen in Höhe 11,5 Millionen DM nur Schulden in Höhe von 610.000 DM gegenüber«.

In ihrem ausführlichen Beitrag »Eine Ära geht zu Ende« würdigte die Redaktion der »Badischen Zeitung« das unermüdliche Wirken von Max Schweinlin für die Stadt Neuenburg am Rhein. Der Redaktionsleiter schreibt: »Max Schweinlin war und ist ein Mann des Volkes, ein Mensch, der nie über denen stand, deren erster Repräsentant er war, sondern der mit seinen Neuenburgern mitlebte, mitfeierte und – wenn es sein musste – auch mal mitpolterte. Sein Rathaus – Eckzimmer im ersten Stock – hat insofern überhaupt keine symbolische Bedeutung, denn nie hat er auf andere herabgesehen. Volksnah und volkstümlich waren seine Attribute, er war ein echter Bürgermeister.«

Von Bürgermeister Max Schweinlin gingen »vielfältige Impulse aus, Anstöße, Überlegungen, ein auf die Zukunft der Stadt ausgerichtetes Denken«. Es würde zu weit führen, so der Redakteur, die positive Entwicklung der Stadt in den Jahren von Max Schweinlin »in ein paar Stichworten zusammenzufassen«. Einige Höhepunkte seiner Amtszeit sollen stellvertretend erwähnt werden.

Die Einweihungsfeier der nach dem historischen kriegszerstörten Bild neu geschaffenen Nepomukstatue anlässlich des l. Nepomukfestes im Jahre 1969, zu dem »Tausende aus der näheren und weiteren Umgebung nach Neuenburg strömten, um ihre Verbundenheit mit der Stadt zu bekunden, die gleichzeitig Dankesfeier der Bürgerschaft für den Wiederaufbau der 1940 völlig zerstörten Stadt war.« »Eine Dankesfeier«, so Bürgermeister Max Schweinlin, »verknüpft mit der Hoffnung, dass die Stadt einer friedlichen Zukunft entgegengehe, sich ungestört entwickeln und ihrer wirtschaftsgeographischen Lage vollauf gerecht werden kann.«

Ein bedeutendes Datum für Neuenburg am Rhein ist der 18. Juli 1969. An diesem Tag entschied sich die Firma Carl Freudenberg für die Stadt Neuenburg am Rhein als weiteren Standort. Später folgte die Entscheidung des Freiburger Pharma-Unternehmers Herbert Falk für den Standort Neuenburg am Rhein. Auf diese Ansiedlung geht das renommierte Pharma-Unternehmen Losan zurück.

Dass Max Schweinlin Prof. Dr. Ing. Heinrich Schoof von der Hochschule Karlsruhe als Stadtplaner gewinnen konnte, lässt sich ebenfalls auf seiner Habenseite verbuchen. Schoof und Schweinlin haben mit einem »zukunftsweisenden Entwicklungskonzept«, dessen Mittelpunkt und Rückgrat der Bau der Westtangente ist, die weitere städtebauliche Entwicklung der Stadt im westlichen, im »Rheinvorland« liegenden Stadtgebiet ermöglicht.

Schweinlins größter Verdienst um die alte Reichsstadt liegt jedoch in der Zeit der Gebietsreform in den Jahren 1968 bis 1975. Die Geschichte der Stadt war für ihn besondere Verpflichtung. Sein unermüdlicher Einsatz hat der Stadt die für ihre Entwicklung bedeutende und uneingeschränkte Selbständigkeit erhalten. Es ist nicht zuletzt auch der Persönlichkeit von Bürgermeister Max Schweinlin zu danken, dass sich die Nachbargemeinden Zienken, Grißheim und Steinenstadt mit Neuenburg am Rhein zu einer neuen leistungsfähigen Gesamtstadt vereinigt haben.

Mit einem Schreiben an die Bürger der Stadt hat sich Max Schweinlin am 31. Mai 1991 offiziell als Bürgermeister verabschiedet. Seinem Dank an die Bürgerschaft stellte er folgendes Zitat voran: »Wer sich mit Stolz nennt Bürger dieser Stadt, dem gilt ihr Name schon als Ziel und Würde; Wer dieser Stadt sein Glück zu danken hat, der trage gern zum Dank auch ihre Bürde.« (Oels)

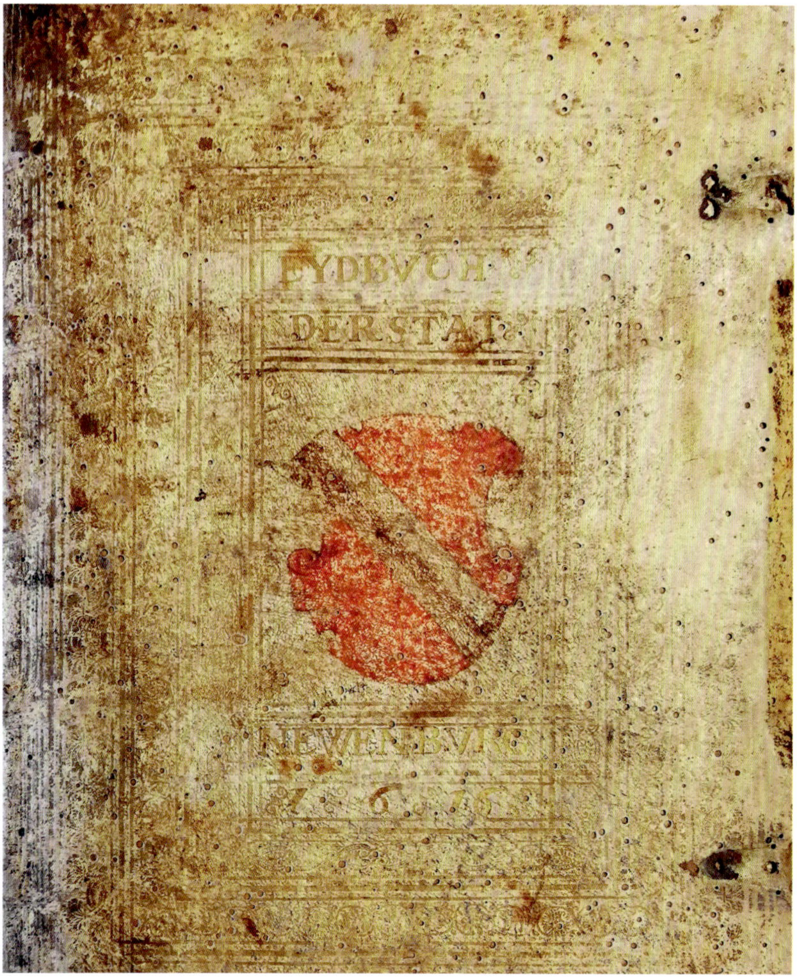

Das Eidbuch der Stadt Neuenburg am Rhein, 1616.

»Personenfahndung« nach Lucie Wottle in Frankreich

Ein Gastbeitrag von Rainer Maria Fangmeier

Bevor ich zu erzählen beginne, möchte ich einen Moment bei der selbstgewählten Überschrift verweilen. Polizei war bei der »Fahndung« nicht beteiligt. Wohl aber ein Beamter.

Wenn man vom Amtsschimmel und seinem Wiehern spricht, dann redet man ja wohl in der Regel von unliebsamen kuriosen Vorgängen, die von Behörden ausgeheckt werden und die den normalen Bürger ungläubig den Kopf schütteln lassen. In der folgenden Begebenheit nimmt sich das ganz anders aus: Da spannt sich ein Beamter aus persönlich-menschlichem Antrieb ein, um einem ihm völlig unbekannten Menschen zu einer Beglückung zu verhelfen. Er benötigt bis zum Erreichen des im Verlauf der »Fahndung« immer ungewisser werdenden Ziels fast zehn Jahre. Am Ende wird auch er selbst belohnt mit einem vollen Erfolg.

Die Geschichte beginnt in Neuenburg am Rhein im Jahre 1970. Da wird in der Stadt ein Baugebiet erschlossen. In seinem Bereich liegt ein Grundstück, dessen Besitzerin nicht ausfindig gemacht werden kann. Es gibt Verwandte im Ort, die kaum Auskunft geben können. Seit etwa 1938/39 besteht nach deren Angaben keinerlei Kontakt mehr zu der Gesuchten. Sie gilt als verschollen.

Die Grundstücksangelegenheit wird amtlich geregelt. Die Parzelle wird verkauft, der beachtliche Erlös mündelsicher auf einem Sparkonto auf den Namen der Verschollenen angelegt. So weit, so gut. Die Angelegenheit war rechtlich exakt geregelt und hätte für die Verwaltung damit als erledigt abgelegt werden können.

Und da sitzt einer im Rathaus, der damals stellvertretende Ratsschreiber, dem lässt diese Sache keine Ruhe: Da ist, wenn sie noch lebt, irgendwo eine Frau, der hier ein Sparguthaben gehört, von dem sie keine Ahnung hat, und das sie vielleicht sehr gut gebrauchen könnte. Die »Fahndung« beginnt. Geschrieben wird das Jahr 1970.

Bekannt ist nur so viel: Die Gesuchte heißt Lucie Wottle. Sie ist die Tochter einer Neuenburgerin, Maria Theresia Grozinger, die um 1910 in Mulhouse den Elsässer Léonhard Wottle heiratete. Am 7. Oktober 1933 ging Lucie in Lyon mit dem Franzosen Joseph Roger Michel die Ehe ein, von dem sie – wie sich später herausstellte, nach schwerem Schicksalsweg – am 20. März 1946 in Marseille geschieden wurde. Lucie Wottle lebte zum Zeitpunkt der Scheidung mit ihrem Sohn im Restaurant »Mère Michel« in Marseille.

Winfried Studer – nennen wir den Beamten beim Namen – wendet sich an das französische Konsulat in Deutschland: Lucie, den geschiedenen Mann oder den Sohn der Gesuchten gilt es ausfindig zu machen. Diese erste angegangene Behörde jedoch erweist sich als Sackgasse. Sie empfiehlt, sich an die deutsche Botschaft in Nancy zu wenden. Das geschieht. Ergebnis: null – nichts.

Winfried Studer nimmt eine neue Fährte auf: Zum Zeitpunkt ihrer Eheschließung hatte Lucie bei ihrem Vater Léonhard in Saint-Laurent-du-Pont gelebt. Léonhard Wottle war dort Besitzer eines Cafés. Also Kontakt aufnehmen zu der dortigen Mairie. Ergebnis: Vater Wottle war am 17. Dezember 1957 ebendort im Krankenhaus verstorben. »Aufenthaltsort der Lucie unbekannt; im Sterbejahr des Léonhard Wottle lebte eine weitere Tochter, Madame Frappat, in Clamart (Hauts-de-Seine).«

Also Recherche dorthin. Ergebnis: zunächst Fehlanzeige. Der Wohnort der Madame Frappat wird als unbekannt angegeben. Studer lässt nicht locker. Und nach einigem Hin und Her erhält er die Auskunft: Lucies Schwester wohnt inzwischen in

Beaulieu (Isère). Neue Hoffnung! Tatsächlich kommt Kontakt zu Madame Frappat zustande. Ihre Auskunft: »Leider habe ich seit dem Tod meines Vaters keinerlei Nachricht mehr von meiner Schwester Lucie. Aber sie hat einen Sohn, der möglicherweise in Marseille lebt.«

Also wieder Marseille. Auskunft von dort: Aufenthaltsort des Gesuchten unbekannt; das Lokal »Mère Michel« existiert nicht mehr, aus zweiter Ehe des Léonhard Wottle gibt es einen Sohn Edouard in Marseille. Studer nimmt Verbindung mit diesem Edouard Wottle auf. Der aber weiß nichts über den Verbleib seiner Halbschwester.

Studer versucht es auf einer anderen Fährte. Er macht den Geburtsort des geschiedenen Ehemanns von Lucie Wottle ausfindig, die kleine Gemeinde Hières-sur-Amby. Von dort wird mitgeteilt: »Niemand in unserem Dorf kennt die Adresse der betreffenden Person.«

Und die dritte mögliche Spur, der Sohn. Anfragen beim französischen Militär. Nichts. Ergebnislos. Ende der Fahndung? Aber Winfried Studer hat eine neue Idee. Sie führt zurück nach Saint-Laurent-du-Pont. Dort war Lucies Vater verstorben. Nachforschung: Wo wurde er beerdigt? Auskunft: Auf dem hiesigen Friedhof. Also Kontaktaufnahme mit der Friedhofsverwaltung. Jawohl, das Grab des Verstorbenen besteht. Wer die Grabstelle bezahlt hat, ist nicht aktenkundig. Aber sie wird gepflegt. Der Verwaltung ist nicht bekannt, wer die Pflege vornimmt. Wohl aber kann mitgeteilt werden, dass erst vor kurzer Zeit ein Grabstein gesetzt wurde. Fragt sich doch: Wer hat denn das bezahlt? Erneute Rückfrage bei der Friedhofsverwaltung. Die haben auf diese Frage freilich keine Antwort. Aber man kann immerhin mitteilen, wer den Grabstein geliefert hat, ist es doch in Frankreich weithin üblich, dass die Steinmetze auf der Rückseite der Grabmale auf einem kleinen Schildchen ihre Adresse anbringen: René Galifet wird als der hier tätig gewordene Steinmetz mit der dazugehörigen Adresse und Telefonnummer bekanntgegeben.

Jetzt aber! Kontakt mit Monsieur Galifet. Und der teilt mit, der Grabstein sei von Madame Lucie Wottle, wohnhaft in Toulon, bestellt und bezahlt worden. Diese Auskunft wird im Februar 1979 erteilt, knapp zehn Jahre nach Beginn der Suche. Winfried Studer kann der Gesuchten und Gefundenen mitteilen, dass auf einer Neuenburger Bank ein nicht unbeachtliches Sparguthaben wartet. Lucie Wottle kann aus gesundheitlichen Gründen erst im Mai des Jahres 1979 nach Neuenburg am Rhein kommen, um das auf sie wartende Geld in Empfang zu nehmen. Die 66-Jährige lebt bis dahin von einer kümmerlich kleinen Rente, von der sie dennoch über Jahre hinweg so lange Franc auf Franc sparte, bis sie das Grab ihres Vaters mit einem Gedenkstein versehen konnte. Ja, das Sparguthaben erreichte einen Menschen, für den es wirklich ein Schritt aus rechter Armut war.

Das glückliche Ende einer geduldigen, nicht aufgegebenen »Fahndung« liegt nun 15 Jahre zurück. Und es wäre im Grunde längst vergessen, hätte sich nicht vor wenigen Wochen – wir schreiben das Jahr 1995 – die Tür zum Amtszimmer des nunmehrigen Ratsschreibers Winfried Studer aufgetan. Zu ihm kamen Lucie Wottle, inzwischen 82-jährig, mit einer Cousine aus Marktoberdorf. Frau Wottle wollte den Mann nochmals sehen, der ihr aus rechter Not heraus verholfen hatte, und ihm erneut danken.

Reiner Maria Fangmeier war evangelischer Pfarrer in Neuenburg am Rhein. Nach seiner Pensionierung war er vom 1. November 1983 bis kurz vor seinem Tod damit beschäftigt, das Verwaltungsarchiv der Stadt zu ordnen. Dabei ist ihm das Aktenstück »Suche nach Lucie Wottle« in die Hände gefallen, das ihn zum Bericht über die »Wohltätige Personenfahndung« inspiriert hat.

Carte nationale d'identité der Lucie Wottle.

Museum für Stadtgeschichte Neuenburg am Rhein

Da der Mensch nicht immer schaffen und hervorbringen kann, obschon solches für ihn das Wünschenswerte bleibt, so unterhält und freut ihn doch, wenn er das Verlorene aufsucht, das Zerstörte wiederherstellt, das Zerstreute sammelt, ordnet und belebt.

Unser Land ist ein Land der Museen. Der Museumsführer »Museen in Baden-Württemberg« berichtet, dass »zum 800jährigen Stadtjubiläum der Zähringergründung Neuenburg am Rhein, 1975, der Ratsschreiber, Hauptamtsleiter Winfried Studer, die Sammlung zur Stadtgeschichte ins Leben gerufen hat«. Im Jahre 1988 konnte die Sammlung in das Alte Rathaus am Franziskanerplatz umziehen und vom Gründer erstmals umfangreich erweitert werden.

Das Museum für Stadtgeschichte in Neuenburg am Rhein ist kein Heimatmuseum im üblichen Sinne. Das Neuenburger Museum ist ein Denkmal für die in ihrer Blütezeit

Im Museum für Stadtgeschichte.

weit in das Umland wirkende Zähringergründung mit ihrer ungewöhnlichen und tragischen Geschichte. Eine Geschichte, die durch den völligen Untergang der historischen alten Reichsstadt Neuenburg am Rhein heute im Stadtgebiet leider nicht mehr sichtbar ist.

Das Museum zeigt in einem chronologisch aufgebauten Rundgang in dem aus dem 19. Jahrhundert stammenden früheren Rathaus, das als eines der wenigen Häuser die totale Zerstörung Neuenburgs im Jahre 1940 überlebt hat, die bedeutendsten Ereignisse und Epochen der Stadtgeschichte. Gezeigt werden Exponate zur Frühgeschichte im Raum der Stadt, die Zeit der Stadtgründung, die Erhebung Neuenburgs zur Freien Reichsstadt und der 1331 erfolgte Übergang an das Haus Habsburg, dem Neuenburg am Rhein bis zum Jahre 1806 angehörte. Der thematisch und zeitlich klar gegliederte Ausstellungsparcours dokumentiert die große Geschichte der Stadt, ihre Bedeutung im Dreiländereck und die durch Rheinüberschwemmungen und durch kriegerische Ereignisse bedingten mehrmaligen Zerstörungen.

Der Besucher des Museums für Stadtgeschichte begibt sich auf eine interessante Zeitreise in 850 Jahre Stadtgeschichte der inmitten des Städtedreiecks Basel, Freiburg im Breisgau und Mülhausen im Elsass gelegenen Gründung Bertholds IV. von Zähringen.

Nur die Kriege, die mit zerstörerischer Gewalt über die Stadt hereinbrachen und die reißenden Wasser des ungebändigten Rheins, die im 16. Jahrhundert nahezu die Hälfte des Stadtgebietes mit dem Münster Unserer Lieben Frau wegrissen, raubten der Stadt ihre Mittelpunktfunktion zwischen den drei großen Metropolen am Oberrhein.

Im Museum sind die wichtigsten Stationen der Stadtgeschichte zu sehen: Schon kurze Zeit nach ihrer Gründung um das Jahr 1175 wurde die Stadt nach dem Tod des letzten Zähringers, Berthold V., von Friedrich II. zur Freien Reichsstadt erhoben. 1292 verlieh König Adolf von Nassau der Stadt am Weihnachtstag im Ratssaal der Stadt sein großes Stadtrecht, das sich im Neuenburger Stadtarchiv erhalten hat und in der Sammlung neben vielen für die Stadtgeschichte bedeutenden Urkunden des Stadtarchivs als Faksimile gezeigt wird.

1331 hat Ludwig IV. (der Bayer) die Stadt an das Haus Habsburg verpfändet. Neuenburg am Rhein wurde eine vorderösterreichische Stadt und blieb es mit kurzen Unterbrechungen für nahezu 500 Jahre.

Während des Dreißigjährigen Krieges nahmen 1632 die Schweden die Stadt ein. 1639 starb im Franziskanerkloster zu Neuenburg am Rhein der bedeutende Heerführer Bernhard von Weimar an der Pest. Der folgende Holländische Krieg brachte für die Stadt die völlige Vernichtung (1675). 1678 begann der Wiederaufbau der Stadt, 1690 erneute Plünderung, 1697 dann der Frieden von Rijswijk und fünf Jahre später der Spanische Erbfolgekrieg. 1704 wird die Stadt von den Franzosen nochmals völlig zerstört und die Bürger in ein zehn Jahre dauerndes Exil vertrieben. Nach dem Frieden zu Rastatt 1714 standen die Neuenburger erneut vor dem Nichts. Die Stadt konnte sich nicht mehr von dem ihr von außen aufgezwungenem Niedergang erholen. Das Jahr 1704 war für die Stadt eine »Zeitenwende«, die alte Stadt hatte aufgehört zu bestehen.

Im Zweiten Weltkrieg wurde Neuenburg am Rhein als erste deutsche Stadt, im Juni 1940, zum dritten Mal in seiner Geschichte völlig zerstört. »Kein Stein blieb auf dem anderen.« Die bereits 1940 in der Trümmerstadt entstandene Bilddokumentation eines Lörracher Fotografen und ein aus dieser Zeit erhaltener Originalfilm aus Privatbesitz zeigen die zerstörte Stadt, in deren Mitte die Ruinen der ausgebrannten Kirche Mariä Himmelfahrt. Trostlos das Leben der obdachlos gewordenen Bürger in den dürftigen Unterkünften der drei Barackensiedlungen.

Von den Anfängen der Sammlung zur Stadtgeschichte bis zum heutigen Museum im Alten Rathaus war es ein weiter Weg. Durch die Zerstörungen der Stadt in den Jahrhunderten war nahezu nichts mehr für eine stadtgeschichtliche Sammlung vorhanden. Geblieben sind der Stadt neben der kostbaren Monstranz aus dem 15. Jahrhundert

Ausstellungsraum im Museum für Stadtgeschichte.

(ausgestellt im Museum) und einigen wenigen Relikten nur die bedeutendsten Urkunden des ebenfalls verlorenen Stadtarchivs, zum Schutz vor den Ereignissen des Zweiten Weltkrieges rechtzeitig im Stadtarchiv in Freiburg deponiert.

»1971 wurde ich vom Gemeinderat zum Ratsschreiber der Stadt ernannt. Zu meinem Verständnis von der Arbeit eines Hauptamtsleiters und Ratsschreibers gehört es, dass ich in besonderer Weise der Stadt und ihrer Geschichte verbunden bin. Mit dem Wissen um die geschichtliche Bedeutung der Stadt und um die in Freiburg deponierten

Urkunden begann der Aufbau der Sammlung. Zunächst begann ich mit der ›Heimholung‹ der Neuenburger Urkunden aus Freiburg, die von dem Freiburger Restaurator Klaus Desbarats vorbildlich restauriert wurden. In dessen Werkstätte wurden auch die Faksimiles der Urkunden für das Museum hergestellt, die von den Originalen nicht zu unterscheiden sind.

Da nur wenig Exponate für eine stadtgeschichtliche Ausstellung vorhanden waren, begab ich mich auf eine langwierige Suche nach Objekten zur Geschichte Neuenburgs. Ergiebig war die Stadt Basel, deren Bürger mit Neuenburg am Rhein in vielfältiger Verbindung standen. Das Forschen nach Exponaten mit Verbindung zu Neuenburg am Rhein führte zum Erfolg. Durch einen glücklichen Zufall kam ich mit dem bekannten Basler Historiker Dr. Markus Fürstenberger in Verbindung, der mir in Basel viele Türen öffnete und zu mancher interessanten und erfolgreichen Begegnung verhalf.«

Katharina Günther schreibt zu den Museumsanfängen in »Eine neue Burg der Kulturarbeit – Neuenburg am Rhein und sein Museum für Stadtgeschichte«: »Als er an den Aufbau des Museumsbestandes ging, zeigte Hauptamtsleiter Winfried Studer historischen Sachverstand. Den Grundstock aus der Jubiläumsausstellung erweiterte er nach den Kriterien der historischen Aussage und Bedeutung der Stadtgeschichte. Zwar verzichtete Studer auf die Hinzuziehung von Wissenschaftlern und anderen Fachleuten, doch entstand eine Sammlung, deren Anspruch und Aussagekraft hinsichtlich der Stadtgeschichte außer Frage stehen. Denn der Museumsorganisator hat sich nicht nur im Selbststudium gebildet, sondern in Museen in Deutschland und in der Schweiz Museumserfahrung gesammelt. Alles in allem wird dem interessierten Besucher ermöglicht, Niobe persönlich auch von ihrer nichttrauernden Seite kennenzulernen.«

Der berühmte Basler Kupferstecher Matthäus Merian (1593–1650) schreibt im Vorwort zu seiner 1643 erschienenen »Topographia Alsatiae«, in die er auch zwei Ansichten von Neuenburg am Rhein aufgenommen hat, die im Museum gezeigt werden, er habe manche Orte in einem von der Wirklichkeit abweichenden Zustand dargestellt, damit die »Leser unnd jhre Nachkommen erkennen und bedencken mögen, was es für einen Vnterscheyd zwischen dem Krieg und dem Frieden hat«. Den von Matthäus Merian benannten Unterschied »zwischen Krieg und Frieden« kann der Besucher des Museums für Stadtgeschichte in Neuenburg am Rhein eindrucksvoll erfahren.

»Zerstörung und Schrecken schrieben einen bestimmten Part der Stadtgeschichte: Zeichnungen, Aquarelle, Malerei und ganze Fotoserien vermitteln eine Ahnung vom Ausmaß der Leiden, das in den letzten fünf Jahrhunderten über die Menschen von Neuenburg kam.«

Die Zerstörung von Neuenburg am Rhein im Zweiten Weltkrieg

Die Bilder zeigen die Stadt nach der Zerstörung vom 10. auf den 11. Juni 1940. Noch ist der Turm der Kirche Mariä Himmelfahrt nicht getroffen worden. Man sieht zerstörte Häuser in der Schlüsselstraße, der Ölstraße und der Hauptstraße, auch das ausgebrannte Rathaus.
Erstveröffentlichung seltener Farbaufnahmen von Helmut Simon, Architekt in Niederweiler, später Soldat. Helmut Simon hat die zerstörte Stadt während seines Heimaturlaubs nach der Beschießung durch die Franzosen am 10. Juni 1940 fotografiert. Er starb im Krieg.

Literatur

Badische Heimat. Zeitschrift für Landes- und Volkskunde, Natur-, Umwelt- und Denkmalschutz, Heft 3, September 2022 / 102. Jahrgang.

Die Fasnacht in Neuenburg am Rhein im 16. und 17. Jahrhundert, in: Fasnacht, Fasnet, Carnaval im Dreiland, hrsg. von Dominik Wunderlin, Museum der Kulturen Basel.

Feißt, O. Werner / Wackershauser, Annette: Das Beste aus der Küche der Neuenburger Hirschenwirtin Rosa Wenk, Eigeltingen 2001.

Günther, Katharina: Eine neue Burg der Kulturarbeit – Neuenburg am Rhein und sein Museum für Stadtgeschichte, in: Studer, Winfried: Streifzug durch die wechselvolle Geschichte der Stadt Neuenburg am Rhein, Arbeitsgemeinschaft Markgräflerland, 3. Auflage 2009.

Jakob, Werner: Kultur in der Region, Spurensuche, Die Stadtgeschichtliche Sammlung in Neuenburg, BZ, 1989.

Schäfer, Konstantin: Neuenburg. Die Geschichte einer preisgegebenen Stadt, Freiburg im Breisgau 1963.

Stadtarchiv Freiburg K1/27 Nr. 56, (gedruckter Zettel »Goethe über das Sammeln).

Museumstagebuch: (Privatarchiv des Verfassers).

Bildnachweis

Selina Mayer, die photoLounge, Neuenburg am Rhein: S. 4.

Bildarchiv im Stadtarchiv Neuenburg am Rhein: S. 12, 16, 17, 19, 37, 43, 48, 54, 55, 57 links, 66, 73, 76, 80, 87, 90 oben u. unten, 100, 112ff.

Museum für Stadtgeschichte: S. 21, 77, 83, 86.
Winfried Studer, »Streifzug durch die wechselvolle Geschichte der Stadt Neuenburg am Rhein« (3. Auflage) sowie Archiv Studer: S. 9, 13, 24, 28, 29 unten, 34, 38, 42, 51, 60, 63 links, 69, 97, 102, 106.

Sabrina Hoch, die photoLounge, Neuenburg am Rhein: S. 63 rechts, 93, 98, 108, 110.

Staatsarchiv Basel-Stadt: S. 29 oben.

Foto Klaus Ulrich Müller: Freiburg: S. 32.

Kantonale Denkmalpflege Basel-Stadt, Martin Möhle: S. 45.

Constantin Beyer, Weimar: S. 57 rechts.

Stadtarchiv Straßburg: S. 25.